WIEN
21.
19.
20.
22.
18.
17.
9.
2.
14.
16.
8.
1.
7.
15.
6.
4.
3.
5.
13.
12.
11.
10.
23.
DIE 23. WIENER GEMEINDEBEZIRKE
1. INNERE STADT
2. LEOPOLDSTADT
3. LANDSTRASSE
4. WIEDEN
5. MARGARETEN
6. MARIAHILF
7. NEUBAU
8. JOSEFSTADT
9. ALSERGRUND
10. FAVORITEN
11. SIMMERING
12. MEIDLING
13. HIETZING
14. PENZING
15. RUDOLFSHEIM-FÜNFHAUS
16. OTTAKRING
17. HERNALS
18. WÄHRING
19. DÖBLING
20. BRIGITTENAU
21. FLORIDSDORF
22. DONAUSTADT
23. LIESING

LISA KRAMMER

Wienerisch

Zwischen ur leiwand und eh wuascht

illustriert von
Petra Holländer

Dudenverlag
Berlin

Vorwort

Warum ist Wien immer schon mehrsprachig gewesen? Wer ist ein »echter« Wiener? Warum lohnt es sich, die Wiener Sprachlandschaft genauer zu erkunden? Diese und viele weitere Fragen beantwortet dieses Buch und wirft dabei auch neue auf.

Informativ und unterhaltsam, das möchte dieses Buch sein – ein Balanceakt, wie auch der Umgang mit Klischees und Stereotypen über Wien und Wienerisch. Dazu eines vorweg: »Den« Wiener Dialekt oder »das« Wienerisch gibt es nicht. Vielmehr ist darunter ein Bündel von verschiedenen dialektalen und regionalen oder lokalen Sprechweisen zu verstehen. Charakteristisch für den Großteil des österreichischen Sprachraums ist das Bestehen zweier Extrempole: Dialekt und Standardsprache (besser bekannt als ›Hochdeutsch‹). Und dazwischen gibt es ein Spektrum an Zwischenformen. Standardsprache, Dialekte und die Zwischenformen haben aber eines gemein: Sie haben eine eigenständige Grammatik. Unterschiede gibt es in der Aussprache, im Wortschatz und im Satzbau. Keine verbindlichen Regeln hingegen herrschen für die Verschriftlichung von Dialekten. Dafür bräuchte es meist mehr als die 26 Buchstaben unseres Alphabets. Aussagen und Wörter im Dialekt sind in dem Buch deshalb in etwa so verschriftlicht, wie sie häufig ausgesprochen werden.

Sprache spiegelt stets aktuelle gesellschaftliche, politische, kulturelle sowie technologische Tendenzen wider. Demnach werden in diesem Buch sprachliche Besonderheiten mit kulturellen Aspekten verwoben. Außerdem gibt es zwischendurch immer wieder Musik – von Austropop bis Dialektrap. Der gesamte Soundtrack zum Buch ist im Liederverzeichnis am Ende des Buches zu finden.

Am deutlichsten werden sprachliche Veränderungen im Bereich des Wortschatzes bemerkt. Welche Dialektwörter werden nicht mehr verwendet? Welche neuen Wörter kommen hinzu? Sterben die Dialekte oder verändern sie sich nur? Sprachwandel passiert ununterbrochen, manchmal ganz offensichtlich, manchmal kaum oder erst nach Jahrzehnten bemerkbar. Eine Form des Wienerischen, die vor 70, 80 Jahren gesprochen wurde, wäre aufgrund der heutigen Internationalisierung, zunehmenden Digitalisierung und gesteigerten Mobilität nicht mehr ganz »up to date«.

Damals und heute, ein vielschichtiges Mittel zur sprachlichen Nuancierung und Prägnanz – das ist Wienerisch.

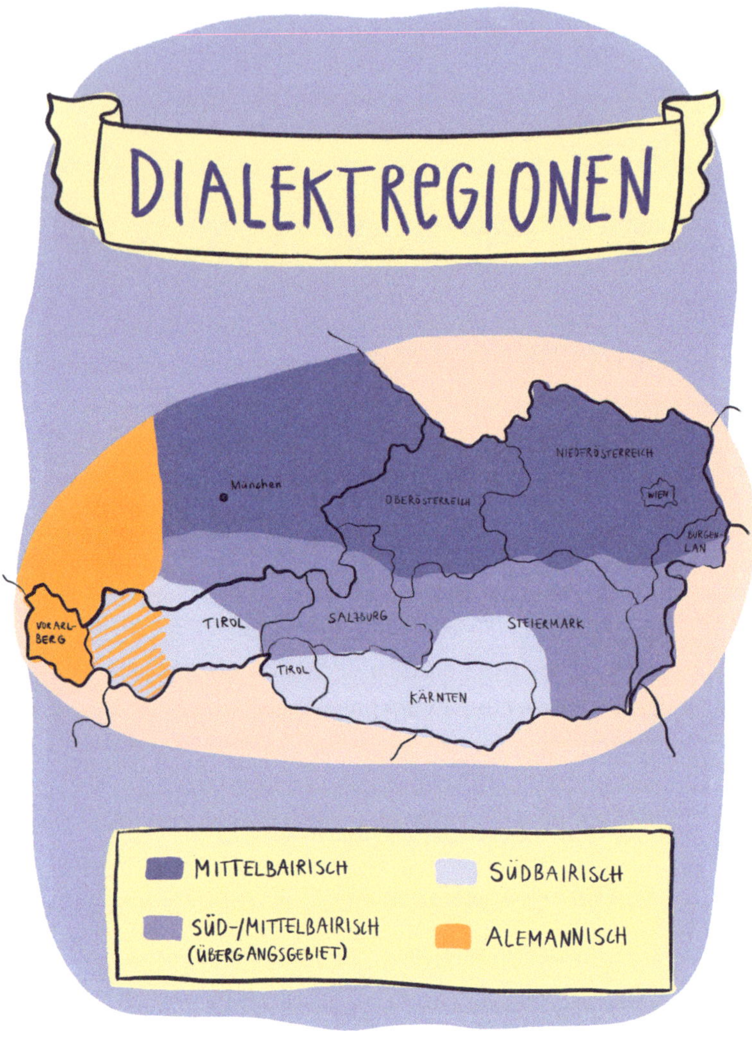
DIALEKTREGIONEN
München
OBERÖSTERREICH
NIEDERÖSTERREICH
WIEN
BURGEN-
LAN
VORARL-
BERG
TIROL
SALZBURG
STEIERMARK
TIROL
KÄRNTEN
MITTELBAIRISCH
SÜDBAIRISCH
SÜD-/MITTELBAIRISCH
(ÜBERGANGSGEBIET)
ALEMANNISCH

Achtung! Was ist typisch Wienerisch?

Einerseits recht viel, andererseits ziemlich wenig. Das hängt damit zusammen, dass Wienerisch an der Bundeslandgrenze nicht endet. Denn politische Grenzen entsprechen nicht Dialektgrenzen. Trotzdem sind Bezeichnungen in Anlehnung an die Bundesländer verbreitet: *Niederösterreichisch, Wienerisch* oder kleinräumigere Bezeichnungen wie *Klosterneuburgerisch* oder *Floridsdorferisch*. Sprachwissenschaftlich betrachtet ist die Einteilung der Dialekte allerdings eine andere, und zwar nach Dialektarealen mit gemeinsamen sprachlichen Eigenschaften.

Es gibt in Österreich aus linguistischer Perspektive zwei Dialektfamilien: das Bairische und das Alemannische. Der Großteil Österreichs ist dem bairischen Dialektraum zuzuordnen, der auch Teile des deutschen Bundeslands Bayern und Südtirols umfasst. Vorarlberg sowie kleine Teile Tirols gehören zum Alemannischen. Das ist mitunter ein Grund, warum Personen aus Vorarlberg deutlich anders sprechen als Personen aus dem Rest Österreichs. Aus Forschungsperspektive ist Wienerisch ein mittelbairischer Dialekt. Das Mittelbairische umfasst in Österreich neben Wien auch die Bundesländer Nieder- und Oberösterreich und das Nordburgenland und erstreckt sich bis in Teile Süddeutschlands. Dementsprechend ist kaum ein sprachliches Merkmal nur in Wien, Niederösterreich oder dem Burgenland aufzufinden. Allerdings gibt es ortstypische Besonderheiten.

Siaß oder schoaf?

»A Eitrige mit an Gschissenen«

So sagt man am Würstelstand. Oder etwa doch nicht? Der Grat zwischen Authentizität und Klischee ist diesbezüglich ein sehr schmaler. Am Würstelstand essen Professorin, Handwerker, Jugendliche und Obdachlose, wenngleich nicht immer zur selben Tageszeit. Gespeist wird jedenfalls im Stehen ab dem späten Vormittag bis in die frühen Morgenstunden. Oder man kommt einfach zum Plauschen vorbei, auch das ist möglich. Mit der Formulierung »A Eitrige mit an Geschissenen« wird man kaum Personen aus Wien ernsthaft bestellen hören. Das ist mittlerweile nur noch ein Gag in Reiseführern. In die gleiche Kategorie passt »an Bugl und am Krokodü!« (›das Anfangs- oder Endstück eines Brotes und eine Essiggurke!‹).

Einzelne wienerische Wörter kann man am Würstelstand aber durchaus aufschnappen, beispielsweise »Siaß oder schoaf?« (›Süß oder scharf?‹) – Gewöhnlich stehen nämlich zwei Senfsorten, ein eher mild-süßlicher Kremser Senf und ein würzig-scharfer Estragonsenf, zur Auswahl.

Die Wiener Autorin Andrea Maria Dusl bringt die ganz besondere Atmosphäre des Würstelstands auf den Punkt. Demnach »tragen Würstelmänner den weißen Mantel wie die Psychiater in den geschlossenen Abteilungen. Ambulanzzeit ist die Nacht. Wind und Wetter sind stumme Zeugen jeder Therapie«[1]. Nachtschwärmer und Nachteulen besuchen den Würstelstand entweder vor dem Ausgehen, weil sie eine adäquate *Unterlag* (›Fundament für den Alkoholkonsum‹) brauchen oder zwischendurch, um sich zu stärken. Und der Würstelstand wird selbstverständlich auch als letzter Abstecher vor dem Heimgehen anvisiert, wenn der Hunger sich wieder ankündigt oder die Hoffnung besteht, den Rausch mit fettigem Essen abschwächen zu können.

Wenn Sie aufgrund der ziemlich unappetitlich klingenden Bestellung aus der Überschrift nun schlagartig zum vegetarischen Gourmet mutiert sind, werden Sie an dem ein oder anderen Wiener Würstelstand ebenso fündig. Wie wäre es statt einer *Eitrigen* (›Käsekrainer‹) mit einer Bratwurst aus Pilzen, einer veganen Seitanwurst oder statt dem würzigen Pferdeleberkäse mit einem Leberkäse aus Erbsenprotein? So mancher Würstelstand kann zudem mit einem Biogütesiegel aufwarten, kredenzt frittierte Calamari oder fermentierte Beilagen wie Kimchi.

Ob auf diese Art modernisiert oder ganz traditionell, der Würstelstand in Wien ist eine Institution mit Kultfaktor. Dabei gibt es die fest installierten Stände erst seit den 1960er Jahren, davor waren es mobile Handwägen.

Bei allem Wandel am beständigsten sind die klassischen *Frankfurter*, die in Deutschland *Wiener Würstchen* genannt werden. Diese kuriose Namenskreuzung geht wohl auf den deutschen Fleischhauer Johann Georg Lahner (1772–1845) zurück. Er absolvierte seine Lehre in Frankfurt am Main, kam anschließend nach Wien und nannte hier seine Brühwurst-Kreation als Andenken an seine Lehrmeister in Frankfurt *Frankfurter*. In Wien war damals im Unterschied zu Deutschland das Mischen von Fleischsorten erlaubt. Demnach bestehen Frankfurter aus Schwein- und Rindfleisch gemischt und Wiener Würstchen nur aus einer

Würstel-Stand

Sorte Fleisch, nämlich Schwein. Entsprechend dem Österreichischen Lebensmittelbuch[2] gibt es heute zwischen Frankfurter und Wiener Würstel in der Herstellung keinen Unterschied mehr. Also: Eh alles Wurst!

In der Schweiz gibt es übrigens *Wienerli* zu bestellen. Und in Nordamerika bekommen Sie unter den Bezeichnungen *frankfurter*, *wiener* oder *weenie* ein Hot-Dog-Würstchen. Aber Achtung: In Österreich bleiben die in Wien entstandenen Frankfurter Würstel *Frankfurter*. Denn um die Verwirrung komplett zu machen: Eine *Wiener* ist keine Brühwurst, sondern eine Schnittwurstsorte (in Österreich auch Stangenwurst genannt), die aus Schwein und Rind besteht und geräuchert wird.

Der Würstelstand ist ein Mikrokosmos. Nicht nur in kulinarischer, sondern auch in sprachlicher und soziologischer Hinsicht. Die Kommunikation am Würstelstand ist ein ständiges Sich-Einstellen und Anpassen an das jeweilige Gegenüber. Ein Abwägen zwischen per Du und per Sie, ein Pendeln zwischen Verkaufsgespräch und Smalltalk sowie zwischen verschiedenen Sprachen und Sprechweisen. Mit Touristinnen und Touristen wird mitunter Englisch gesprochen, mit Jugendlichen wird wiederum anders kommuniziert als mit Stammgästen. Die Fernsehreportagereihe »Alltagsgeschichte - Am Würstelstand«[3] von Elizabeth T. Spira gewährt Einblicke in das öffentliche Leben am Wiener Würstelstand in den 1990er Jahren und in so manch private Lebenswelten. Hier wird diskutiert, andere Leute *sekkiert* (›belästigt‹), über die Welt philosophiert oder auch nur mit dem Bier interagiert.

Inspiriert von der experimentellen Lyrik des Wiener Dichters und Schriftstellers Ernst Jandl wird nun der

Versuch unternommen, den Schauplatz Würstelstand lautmalerisch einzufangen. Als Vorlage dient das bekannte Lautgedicht »schtzngrmm«. Das folgende Sprechgedicht »mhmmm« entfaltet die Wirkung erst durch lautes Lesen. Charakteristisch ist ein Wechselspiel aus kurzen und langen Lauten. Die Intensität der Laute wird durch Groß- und Kleinschreibung kenntlich gemacht. Experimentierfreudig werden Laute und Wörter zerlegt, teilweise neu und anders wieder kombiniert. Erraten Sie alle Handlungen, die hier vorkommen?

PLOPP
PPPP
BRUTZL
BRUTZL
RITSCH
MMMM
HHHHH
PLOPP
PPPP
GLUCK
GLUCK

pssssss

brutzl brutzl

pssssss psssssssssssssss

ts ts ts tssssss

tschhhhhh

rrritsch rrrrratsch

plop-p-p-p-p-p

pffft plaaaaaaaatsch

kling klinggggg

pfft zisssssssssssssssch

gluckgluckgluckgluckgluck

ahhhhhhhhhh!

rülps ülps lps ps sssss

mhmmm …

EAT THE RICH
KAVIAR FÜR EUCH.
KRISE FÜR UNS?

»Alles Walzer!«

Schreiten, flanieren, eilen, gelegentlich verweilen. »Darf ich bitten?« Auf jeden Fall das Tanzbein schwingen – klassisch zu zweit im Dreivierteltakt oder zu mehreren bei der Mitternachtsquadrille. Am Opernball gibt es eine Vielzahl von Tempos, mit denen die Nacht zum Tag wird. Auf dem Ball der Bälle sind Fremdsprachenkenntnisse vorteilhaft, denn er wird von internationalen Gästen besucht. Wer sich nicht allein hintraut, kann *Taxitänzerinnen* und *Taxitänzer* engagieren, also eine gebuchte tänzerische Begleitung für den Abend.

Etymologisch kommt der Begriff *Ball* als festliche Tanzveranstaltung vom französischen *bal* bzw. *baler* sowie dem italienischen *ballare* (›tanzen‹). 1716 fand der erste Pariser Ball statt. Ein Jahrhundert später hielt die Ballkultur in Wien Einzug. Vom Wiener Ärzteball bis zum Zuckerbäckerball – mehr als 450 Bälle gibt es aktuell in Wien, wobei die Ballsaison vor allem vom 11. November bis zum Faschingsdienstag in vollem Gange ist.

Zurück zum Ball der Bälle, dem Wiener Opernball: Innerhalb von 30 Stunden wird die Wiener Staatsoper zum prunkvollen Ballsaal dekoriert. 650 Blumenarrangements und imposante Gestecke zieren Logen, Tische und Wände. 150 Musikerinnen und Musiker unterhalten über 5000 Ballgäste in acht verschiedenen Bereichen der Oper. Via TV-Übertragung kann man vom eigenen Wohnzimmer aus teilnehmen. Das schont nicht nur die Geldbörse, sondern auch in Sachen Kleidung ist mehr möglich:

Bequemlichkeit schlägt Eleganz. Vor Ort hingegen gilt ein strikter Dresscode: langes Abendkleid und schwarzer Frack.

Die Ballnacht ist mit vielen weiteren Traditionen verbunden. Dazu zählt der zeremonielle Ablauf: Um 22 Uhr wird der Opernball musikalisch eröffnet. Es erklingt die Fanfare, gefolgt von der österreichischen Bundeshymne und der Europahymne. Das Jungdamen- und Jungherren-Komitee, bestehend aus 150 Paaren, zieht ein, meistert einen Linkswalzer und es folgen künstlerische Aufführungen der Wiener Staatsoper. Es dauert dann noch circa eine Stunde, bis mit dem traditionellen Kommando »Alles Walzer!« die Tanzfläche eröffnet wird. Das passiert immer und ausschließlich zu den Klängen von »An der schönen blauen Donau« (bekannt als *Donauwalzer*). Walzerkönige wie Strauss (Vater und Söhne), Lanner, Beethoven und Schubert werden rauf und runter gespielt. Christoph Wagner-Trenkwitz und Karl Hohenlohe gehören als eloquente Opernballkommentatoren mit Hang zum Schmäh mittlerweile zum Inventar der Fernsehübertragung. In seinem Opernball-ABC[4] erklärt der Opern-Experte Wagner-Trenkwitz das berühmte Kommando »Alles Walzer!« in seiner echten Bedeutung: Demnach liegt die Betonung nicht bei *Walzer*, denn im allgemeinen Gedränge kann man sich mit dem eigenen Tanzpartner oder der eigenen Tanzpartnerin höchstens ein wenig herumschieben. Die Betonung liegt also auf *Alles* und die Aufgabe besteht darin, im Gedränge weiterhin elegant auszusehen.

Eine feste Tradition gibt es auch vor den Türen der Staatsoper. Zum Opernball gehört die Opernballdemo. Es ist ein Aufbegehren gegen die Mitglieder der Schickeria, auch *Adabei* (›jemand, der überall dabei sein möchte‹) oder *Bussi-Bussi-Gesellschaft* genannt. Unter dem Motto »Eat the rich!« finden sich auf der Demo Plakate auf Deutsch und Englisch: »No war but class war!«, »Kaviar für euch, Krise für uns?«, »Gegen die Regierung der Reichen!« …

Der Opernball gilt als Staatsball. Nicht nur das Regierungskabinett befindet sich auf dem Parkett, auch Ballgäste aus Wirtschaft, Kunst und Kultur nutzen das Mega-Event zum Netzwerken. Insbesondere die Mittelloge, früher *Hofloge* oder *Hoffestloge*, ist für den Bundespräsidenten, Regierungsmitglieder sowie Staatsgäste reserviert. Es wird aber nicht nur *parliert* (›sich unterhalten‹), sondern *schnabuliert* (›gegessen‹), und vermutlich auch *getschechert* (›viel Alkohol konsumiert‹).

»Tschechan wü a jeda, aba Tschecharant wü kana sein.« (›Trinken will ein jeder, aber Alkoholiker will keiner sein.‹) Dieses geflügelte Wort ist aus Arik Brauers »Wienerisch für Fortgeschrittene«[5] entnommen. *Fett wie a Radierer, bummzua, bladelwach, Schwips, Damen-Spitz* – das ist nur eine kleine Auswahl, wie rauschartige Delirien auf Wienerisch bezeichnet werden können. Wein und Wien – die Differenz besteht in nur einem Vokal.

Beim Opernball wird unter anderem der *Wiener Gemischte Satz* serviert. Das ist eine traditionelle Weinspezialität, die aus mindestens drei klassisch weißen Rebsorten besteht. Anders als beim *Cuvée* ist für den *Gemischten Satz* die Voraussetzung, dass die Rebsorten aus ein und demselben Weingarten stammen. Außer in den Weinbergen rund um Wien gibt es den *Gemischten Satz* in Regionen in Niederösterreich und der Steiermark.

Durch die Mischung verschiedener Rebsorten mit unterschiedlichen Reifezeitpunkten und Säuregraden entstehen facettenreiche Geschmackskreationen – genau richtig für die gut gelaunte Operngesellschaft. »Wiener Grant«, das stereotype Markenzeichen schlechter Laune in Wien, gibt es nicht nur verbal, sondern auch in flüssiger Form als Schnaps. »Zartbitter – Süß – Vollmundig und angenehm zu trinken - wie das Leben in Wien«[6] – das verspricht zumindest der Produzent.

Und für die *Zuckergoscherln* (›Naschkatzen‹) unter den Ballgästen dürfen am Wiener Opernball die *Sachertorte* genauso wie *Apfel- und Topfenstrudel* nicht fehlen. Noch immer nicht im Tortenrausch? Alkoholisch wird es bei der Malakoff-Torte mit Löffelbiskuit und Rumcreme und bei den rosa Punschkrapfen mit Biskuitteig und einer Masse aus Punsch oder Rum mit Marmelade und Schokolade.

Natürlich gibt es an der Bar auch alkoholfreie Getränke wie ein *Kracherl* (›Limonade‹), *Obi gespritzt* (›Apfelsaft mit prickelndem Mineralwasser‹) oder *Null Komma Josef*, ein alkoholfreies Bier aus Ottakring. Für den großen Durst empfiehlt sich das *Krügerl* (0,5 Liter). Darf's a bissl weniger sein? Dann ist ein *Seidl* (0,3 Liter) oder ein *Pfiff* (zwischen 0,1 bis 0,2 Liter) eine gute Wahl.

Genug gegessen und getrunken! Fixpunkt um 24 Uhr ist das Tanzparkett. Denn dort findet die Mitternachtsquadrille statt, ein ursprünglich aus vier Paaren im Quadrat (Nomen est omen.) getanzter Kontratanz. Weitere Quadrillen folgen um 2 und um 4 Uhr. Um 5 Uhr in der Früh heißt es dann: »Sperrstund' is!« Aber nach dem Ball ist vor dem Würstelstand – der traditionellen Opernball-Aftershowparty.

Ansapanier, die nicht aufs Schnitzel muss

Mhmmm! Es ist angerichtet. Eine kulinarische Entdeckungsreise durch Wien bietet vor allem eines: viel Gebackenes. Von paniertem Huhn (*Backhendl*) oder Schweinefleisch, gebackenem Gemüse bis hin zum panierten Wiener Schnitzel aus Kalbfleisch. Als *Panier* (›Panade‹) wird die knusprig gebackene Umhüllung aus Mehl, Ei und Semmelbrösel bezeichnet, an deren korrekte Herstellung es einige Ansprüche gibt. Was man nämlich auf keinen Fall möchte, ist eine *letscherte*, also zu weiche Panier. Damit das gelingt, muss das Schnitzel zuerst einmal in Form geklopft werden; es wird gesalzen, durchläuft dann den Panierparcours und wird der Reihe nach gewendet, erst im Mehl, dann in verquirltem Ei und dann in Semmelbrösel. Um die gewünschte wellenartig lockere Ummantelung zu erzielen, ist in der Pfanne die Technik des *Souffliérens* erforderlich. Die Optik entsteht durch häufiges Schwenken des Schnitzels im brutzelnden Fett und damit ein luftiges sowie gleichzeitig knuspriges Geschmackserlebnis. Die gleichmäßig goldgelbe bis goldbraune Färbung ist unverkennbar. Klassisch wird das Wiener Schnitzel mit einer Zitronenscheibe sowie etwas Petersilie oder Preiselbeermarmelade serviert.

Im Wienerischen gehen Kulinarisches und Liebesangelegenheiten Hand in Hand. Denn geht man auf *Aufriss*, um jemanden kennenzulernen, ist eine *Ansapanier* (wörtlich ›Einserpanier‹ für ›schicke Kleidung‹) ratsam. Außerdem empfiehlt es sich, dabei nicht allzu *paniert* (›betrunken‹) zu sein. Also los – *gkampelt*, *gsackelt* und *aufgmascherlt* (›gut frisiert‹, ›schön angezogen‹ und ›auffällig gekleidet‹ bzw. ›geschminkt‹) – geht es ins *Beisl* (›Wiener Wirtshaus‹) oder *Tschocherl* (›uriges, kleines Lokal‹) mit der klaren Absicht, in der *Ansapanier* jemanden *anzubraten* (›flirten‹, ›verführen‹). Wie geistreich auch hier Gaumenfreude und Augenschmaus harmonieren! Man isst zusammen ein paniertes *Schweinderl* und trinkt gemeinsam (noch) ein *Glaserl*. Die Verkleinerungsform sowohl beim Essen als auch bei Geliebten mit den Nachsilben *-(e) l* und *-erl* sind im Wienerischen besonders häufig. Da hebt sich Wien zum Beispiel von Vorarlberg ab, wo die Nachsilbe *-le*/*-li* dominiert: *Würschtle*. Ganz zu schweigen vom Standarddeutschen *-chen* (*Schweinchen*) oder *-i* (*Mausi, Hasi*), das dort auch Verniedlichung ausdrückt. Wienerisch bleibt treu beim *-erl* oder *-el*.

Durch das verkleinernde *-erl* wird aus einer Affäre ein *Pantscherl*. Und das klingt wesentlich charmanter, wenngleich auch harmloser als eine *Liebschaft* oder gar ein *Seitensprung*. Nicht weniger komplex ist der Ausdruck *Gspusi*. Er kann zwischen einer festen Liebesbeziehung bis hin zu einem heimlichen *Techtlmechtl* alles bedeuten. Und damit nicht genug: Mit *Gspusi* kann sowohl die Person, mit der man eine Beziehung hat (»Mein *Gspusi* kommt heute noch vorbei.«), als auch die Beziehung selbst bezeichnet werden (»Es ist nur ein *Gspusi*. Oder doch mehr?«). »I steh auf di!« »I mog di!« »I fliag auf di!« – Das alles sind Liebesbekundungen auf Wienerisch. Und ein Liebesgedicht der besonderen Art ist jenes von dem Wiener Lyriker und Schriftsteller H. C. Artmann. In »alanech fia dii«[7] möchte

Wie wär's mit uns zwei?

sich das lyrische Ich in einen Blumenstand verzaubern, der immer offen hat – so wie ein lebendiger Garten:

»i mechad me diaregt fia dii
en a blumanschdandal fazauwan
alanech und grod nua fia dii«

(›Ich möchte mich direkt für dich
in ein Blumenstanderl verzaubern
alleinig und gerade nur für dich.‹)

Begleitet von Klavierklängen und gesungen im Duett von Willi Resetarits, besser bekannt als Ostbahn Kurti, und Sabina Hank ist dieser Text wahrlich zum Dahinschmelzen.

Wie läuft es nun mit dem Anbandeln in Wien? Ganz egal, wie sehr man sich *abstrudelt* (›bemüht‹), es kann ja dennoch erfolglos sein. Und dabei ist es dann auch *wuascht* (›egal‹), dass es sich gerade um *a äuzerl* (›etwas zu viel oder zu wenig‹) nicht ausgegangen ist. Dass aus dem *Pantscherl* heute nichts geworden ist, schmerzlich ist es allemal. Und bevor es nach Shakespeare heißt »Willst du schon gehn? Der Tag ist ja noch fern. Es war die Nachtigall, und nicht die Lerche«, ertönt im Beisl »Sperrstund' is«. Noch rasch ein *Fluchtachterl*, also ein letztes Glas Wein vor dem Heimgehen, oder ein *Stehachterl*, bei dem man an der Bar im Stehen trinkt, gefällig? Und in der Früh dann, falls der Kater allzu schlimm wird, das *Reparaturseidl* und mittags am besten etwas Salziges mit Panier.

Den 71er nehmen

Okratzn, krepiern, si dastessn – kurzum: Sterben auf Wienerisch. Das Leben ist nicht nur *picksiaß*, manchmal auch einfach *sauschiach*. Der Wiener Bevölkerung wird ein Hang zum Morbiden sowie ein besonderes Verhältnis zum Tod nachgesagt. Wenngleich die durchschnittlichen Wienerinnen und Wiener nicht ganz so todesbejahend wie mexikanische »Día de Muertos«-Feierende sind, gibt es wohl in kaum einer anderen Sprache so viele Synonyme und Metaphern für das Sterben wie im Wienerischen. Diesem Phänomen nahm sich 1996 der Musiker Roland Neuwirth in »Ein echtes Wienerlied« an, das ausschließlich aus sprachlichen Todesfeststellungen besteht:

> **»Er hat an Abgang gmacht, er hat die Patschn gstreckt, er hat a Bankl grissn, hat si niedaglegt, er hat si d'Erdäpfel von unt' angschaut, er hat si sozusogn ins Holzpyjama ghaut«.**

Zukünftig kann man sich in Wien wohl auch *den Pilzpyjama anziehen*. Durch den Kontakt mit Wasser und Erde löst sich der aus Pilzen bestehende Sarg mit der Zeit auf.

Wolfgang Ambros ließ 1975 mit dem Lied »Es lebe der Zentralfriedhof« die letzte Ruhestätte aufleben: »Wann's Nocht wird über Simmering, kummt Leben in die Toten und drübn beim Krematorium tan's Knochenmork obrotn.« Was an diesen Gruselgeschichten dran ist, wissen wohl nur

71

die Toten, aber tatsächlich ist der Zentralfriedhof in Wien-Simmering ein lebendiger Ort, der von zahlreichen Einheimischen sowie Touristinnen und Touristen besucht wird. Hinsichtlich der Anzahl der Beerdigten ist er der größte Friedhof Europas. Ein Besuch der Totenstadt ist auch ein Naturerlebnis. Zwischen den vielen Grabsteinen verschiedener Epochen und Religionen laufen Füchse, Rehe, Dachse und Feldhamster umher. Erdbestattung, Urnenbestattung oder doch eine Naturbestattung? Zuständig ist der *Pompfüneberer* (›Leichenbestatter‹) und Hauptsache, »a schene Leich«. Zumeist ist so ein würdiges Begräbnis recht kostspielig. Trauerreden, entsprechende Lieder sowie der anschließende Leichenschmaus gehören standardmäßig dazu. Aufgrund des üppigen Essens mutieren manche danach selbst zum Friedhof, *Backhendlfriedhof*, versteht sich.

Übrigens, wenn Sie zum Zentralfriedhof möchten, müssen Sie die Straßenbahnlinie 71 nehmen. Daraus hat sich die morbide Metapher fürs Sterben entwickelt, die diesen Text hier betitelt. Schaurig-Morbides gibt es aber auch anderswo in Wien zu finden. Zum Beispiel in der Blutgasse im 1. Bezirk oder im 19. Bezirk die Hirnbrecherstiege.

»Der Tod, das muß ein Wiener sein … Denn wer bringt dich pünktlich zur Himmelstür? Ja da hat nur ein Wiener das G'spür dafür. Der Tod, das muß ein Wiener sein, nur er trifft den richtigen Ton: Geh Schatzerl, geh Katzerl, (ja) was sperrst dich denn ein? Der Tod muß a Weaner sein.«

Warum war sich Georg Kreisler 1969 da so sicher? »Der Tod ist unvermeidlich – also feiern wir ihn«[8] – so die Philosophie des Bestattungsmuseums am Wiener Zentralfriedhof. Darin zeigt sich die typische Perspektive auf die eigene Vergänglichkeit: Per Du oder doch lieber per Sie? Auf jeden Fall mit Humor! Den Tod nicht für tot zu erklären, sondern ihn als das anzuerkennen, was er schließlich ist: Teil des Lebens. Thanatos und Eros, Todestrieb und Lebenstrieb. Ob Sigmund Freud seine dualistische Triebtheorie wohl auch in einer anderen Stadt so entwickeln hätte können, bleibt ungewiss. Klar ist: Dem Tod mit morbidem Charme und makabrem Schmäh das Furchtsame zu nehmen, ist eine in Wien immerwährend praktizierte Bewältigungsstrategie, nach Freud: Sublimierung.

Die Autorin erwartet sich durch dieses Werk keinen immerwährenden Ruhm, denn wie der Wiener Universalunterhalter Helmut Qualtinger bereits viel zitiert feststellte: »In Wien mußt' erst sterben, damit sie dich hochleben lassen. Aber dann lebst' lang.«

»Echte« Wiener – Gibt's die überhaupt?

»Der echte Wiener ist kein echter Wiener«, meinte der Schauspieler Karl Merkatz. In seiner Rolle als »Mundl« alias Edmund Sackbauer in der Fernsehserie »Ein echter Wiener geht nicht unter« in den 1970er-Jahren und als Fleischhauer Karl Bockerer in den »Bockerer«-Filmen hat er sich in das kollektive Gedächtnis Österreichs eingeschrieben. Geboren wurde er 1930 in Niederösterreich und verbrachte dort seine Kindheits- und Jugendjahre. Demnach ist er kein »echter« Wiener. Oder vielleicht doch? Die österreichische Hauptstadt Wien ist damals wie heute das kulturelle, politische und wirtschaftliche Zentrum Österreichs. Und ein Blick in die Geschichte zeigt: Wien war immer schon multilingual, multikulturell und multiethnisch.

Die erste urkundliche Erwähnung Wiens als *Wenia* war im Mittelalter 881. Im 10. Jahrhundert bildet die Region *Ostarrichi* einen Teil des Herzogtums Bayern. Danach war Österreich für über 500 Jahre Teil des Römischen Reichs. Von 1804 bis 1867 war Österreich Kaisertum. 51 Jahre währte die Österreich-Ungarische Doppelmonarchie bis zum Zerfall im Jahr 1918. Die Mehrheit der Wiener Bevölkerung waren zugewanderte Personen aus böhmischen Ländern (Böhmen, Mähren, Schlesien), Tschechien, Ungarn und der Slowakei.

An Wörtern wie *pomali* (›langsam‹), *Powidl* (›Zwetschkenmus‹) oder Ausdrücken wie *auf Lepschi gehen* (›sich

2
1
M
P
S
AUFZUG IM BRANDFALL NICHT BENUTZEN

vergnügen‹) zeigt sich der tschechische Einfluss auch heute. Die kulturelle Vielfalt zeigt sich ebenso an Äußerungen wie *»A Kiwara / Ki(e)bara is ka Hawara!«* (›Ein Polizist ist kein Freund!‹) oder an Wörtern wie *Beisl* (›Kneipe‹) und *Masl* (›Glück‹). Die sind jiddischen Ursprungs, einer Sprache, die von aschkenasischen Juden in Europa gesprochen wurde und manchmal noch wird. Die große Bedeutung der Mehrsprachigkeit in der Habsburgermonarchie wirkt in der Gegenwart noch nach.

Spuren sind auch in Form von Architektur oder kulinarischen Einflüssen zu finden, zum Beispiel in so manchen Wiener *Hausgängen* (›Hausfluren‹): eine *Bassena* (aus dem Italienischen: ›eine Wasserstelle am Gang‹) oder Stuck am *Plafond* (aus dem Französischen: ›Decke‹). Oder Sie bemerken in Aufzügen die französischen Bezeichnungen *Souterrain* (›Untergeschoss‹), *Parterre* (›Erdgeschoss‹) und aus dem Italienischen *Mezzanin* (›Zwischengeschoss‹), vielleicht auch nur deren Abkürzung *S, P* und *M*. Gegenwärtige sprachliche Einflüsse kommen unter anderem aus den Sprachen Bosnisch, Kroatisch (*O Bože!* ›Oh Gott!‹) und Englisch (*fesch, Kids*).

Mehrsprachigkeit befindet sich in einem ambivalenten Spannungsfeld und wird nicht immer als kommunikative Ressource und Mehrwert gesehen. Zum einen gelten bestimmte Sprachen wie zum Beispiel Französisch oder Spanisch als Prestigesprachen und Englisch wird als Lingua franca wahrgenommen. Zum anderen wird die Mehrsprachigkeit von bestimmten Migrantinnen und Migranten, die teilweise ihre Erstsprache und die deutsche Sprache mischen, stigmatisiert. Nicht zu vergessen ist die Vielfalt der Sprachenlandschaft innerhalb Österreichs. Nicht nur haben 42,6 Prozent der Wiener Bevölkerung eine ausländische Herkunft,[9] in Wien leben auch viele Personen aus anderen österreichischen Bundesländern.

Wer ist nun also ein »echter« Wiener? Und wie spricht diese Person? Vorab: Da 51 Prozent der in Wien lebenden Menschen weiblich sind,[10] ist der durchschnittliche Wiener in Wahrheit eine Wienerin. So wie es einen »echten« Wiener bzw. eine »echte« Wienerin nicht gibt, gibt es auch keine eindeutige Antwort auf diese Frage. Oder mit den Worten von Şenol Akkılıç[11], ehemaliger Abgeordneter des Wiener Landtags und Gemeinderats mit türkischer Herkunft:

> **»Ich bin ein Wiener anderer Sorte:**
> **Ein bisschen Kebab, ein bisschen Sachertorte.**
> **Schau nicht auf meinen Namen,**
> **frag nich, woher ich bin.**
> **Ich bin ein Mensch aus Wien.«**

Es gibt also nicht den Ur-Wiener bzw. die Ur-Wienerin. Vielmehr gibt es zahlreiche Versionen und Schattierungen von wientypischen Eigenschaften. Wien ist eine Großstadt – bunt, divers, vielfältig. Also alles andere als homogen. Entsprechend dem Gedicht von Şenol Akkılıç ist der Versuch, die Wienerinnen und Wiener festzumachen, zu definieren, zum Scheitern verurteilt. Vielleicht zeichnet gerade diese schwere Fassbarkeit Wien, so wie viele Metropolen, aus. Als »etwas Dazwischen«, als »von allem etwas«. »Wien ist anders« – so lautet der Slogan der Wien-Werbung.

Eh wuascht!

Was bei der Verwurstung (das ist tatsächlich der Fachbegriff) in die Wurst gelangen darf, war früher nicht offiziell geregelt, also *wuascht* (›egal‹). Demnach wurden überwiegend Fleischabfälle verwertet bzw. verwurstet. Klar ist: Am Würstelstand ist es nicht *blunzen* (›egal‹), um welche *Wuascht* (oder auch: *Wurscht*) es sich handelt. Apropos *Blunzen* (›Blutwurst‹): Dies ist eine Wiener Spezialität, zum Beispiel in der Form eines *Blunzengröstls*, das entsprechend dem Namen mit gekochten Kartoffeln in einer Pfanne angeröstet wird. Ein *Blunzenstricker* ist eine Bezeichnung für einen ungeschickten Menschen, ursprünglich abgeleitet von einer Person, die einfachen Tätigkeiten in einer Fleischerei nachgeht. Eine ebenso beleidigende Personenbezeichnung ist (die) *Blunzen*, wobei damit eine ›dumme, korpulente weibliche Person‹ gemeint ist. Ein derartiger Ausdruck ist in keiner Hinsicht zu tolerieren, auch wenn jemand unter starkem Alkoholeinfluss (*blunzenfett*) nicht mehr zurechnungsfähig ist. Und wenn Ihnen das alles jetzt noch nicht *powidl* (noch ein Wort für ›egal‹) ist, werfen wir einen Blick auf die Nachspeisenkarte. Dort sind neben Apfelstrudel und Kaiserschmarren *Powidldatschkerl* zu finden. Das sind Kartoffelteigtaschen mit einer Fülle aus Zwetschkenmarmelade. Das bedeutet: *wuascht*, *blunzen* und *powidl* – von Essensspezialitäten abgeleitete Adjektive – können alle synonym verwendet werden, alles ›egal‹.

Von der Kulinarik nun zur Küchenpsychologie: Inwieweit ist generell Leuten aus Wien vieles *wuascht*? Nach

eH
WUA
SCH
T

dem Wienerisch-Sprachkurs von »A.geh Wirklich?«, einem Wiener Dialekt-Rapper, lautet die Antwort: »Wenn's nicht ›leiwand‹ und nicht ›oasch‹ ist, dann is ›wuascht‹«.[12]

Scheibsta feat. Lukas Resetarits besingen in ihrem Lied »Es is eh scho wurscht« verschiedene Formen von Wurstigkeit. Demnach haben wir in jeder Situation die Wahl: »Entweder eskalieren für kurze Zeit oder nimm's mit einer Prise Wurstigkeit.« Nicht jedes Problem kann zwar auf die leichte Schulter genommen werden, allerdings häufig mit einem Hauch von Wurstigkeit gelassener bewältigt werden. Die erste Ebene des Stufenmodells der Wuaschtigkeit entspricht einer Form von Desinteresse, Ungenauigkeit und Nachlässigkeit. »Naja, wuascht, wie auch immer« in der Bedeutung von ›Das ist jetzt nebensächlich‹. Bei Stufe zwei wird aus einer gemäßigten Form von Wurstigkeit eine Art Gleichgültigkeit bis hin zur Trägheit und Passivität. »Ah, des is eh scho wuascht.« (›Ah, das interessiert mich jetzt auch nicht mehr.‹) In einer scheinbar ausweglosen Situation empfehlen Scheibsta feat. Lukas Resetaris: »Nimm es mit mehr Schmäh, jeder Augenblick hat Potenzial fürs Kabarett.« *Wuascht* geht also häufig mit einer Form von Schmäh und dem Wort *eh* einher. Sie haben nun *eh* (›schon, ohnehin‹) viel über das Wort *eh* gelesen. *Eh* klar! Ähnlich dem Wort *oida* kann *eh* inflationär und je nach Situation sehr vielfältig verwendet werden. Es kann sogar allein einen Ausrufesatz bilden, zum Beispiel: »Da können wir jetzt nichts mehr machen« Antwort: »*Eh!*«

»Die Chinesen haben ›Yin‹ und ›Yang‹ und wir haben ›eh‹ und ›wuascht‹.«

Danke an den Kabarettisten Alex Kristan[13], besser hätte ich es eh nicht ausdrücken können.

Nun aber wieder zurück zu dem Stufenmodell der Wurstigkeit: Die Maximalstufe 3 äußert sich in zutiefst fatalistischem Verhalten und einem Camus-artigen Erkennen der Absurdität des Lebens. Gemäß dem exemplarischen Ausspruch »Is jo eh ois wuascht« (›Es ist ja bereits alles verloren. Es ist nichts mehr daran zu ändern.‹) In manchen Situationen im Leben geht es aber um die Wurst und da ist diese Lethargie kontraproduktiv. Es bedarf also eines gesunden Maßes an *Wuaschtigkeit*, die in Form von Gelassenheit (»Wiener Zen«) auf jeden Fall eine Bewältigungsstrategie im Alltag sein kann. Im Zen-Buddhismus ist das Nichtanhaften an Gegenständen, Personen oder Gefühlen zentral. Nichtanhaften bzw. Loslassen bedeutet nicht, dass einem alles egal ist, es bedeutet Freisein. Demnach geht mit dem Kultivieren einer wohldosierten Prise Wurstigkeit eine innere Stabilität einher, die sich nicht so leicht durch äußere Einflüsse erschüttern lässt.

Jenseits des Stufenmodells gibt es noch Ausrufe wie: »Aber des is ma nimma wuascht!« (›Aber das ist mir jetzt nicht mehr egal!‹) Es gilt also, stets abzuwägen, wann einer stoischen Haltung tatsächlich Taten folgen sollten.

Einstellungen zum Dialekt – derb oder lustig?

Stellen Sie sich vor, Sie nehmen einen Anruf von einer Ihnen unbekannten Person entgegen. Automatisch treffen Sie Annahmen darüber, ob die Person männlich oder weiblich ist. Womöglich verrät auch die Stimme etwas über die Stimmung der Person. Und vielleicht können Sie das Alter oder die Herkunft der Person einschätzen. Aufgrund der Verwendung bestimmter Begriffe oder der Aussprache von Wörtern können Personen als Wienerinnen oder Kärtner identifiziert werden. Und abseits der Wortbedeutung ist die Wirkung der Worte eine andere, und schon entwickeln sich unbewusst Bewertungen, Sympathien oder Antipathien. Was assoziieren Sie mit dem Wiener Dialekt?

Derb, primitiv und wenig seriös – so wurde der Wiener Dialekt 1986 von Personen aus Wien wahrgenommen.[14] Im Unterschied dazu wurde die Standardsprache mit Attributen wie Öffentlichkeit, Bildung sowie Klarheit und Verständlichkeit assoziiert. Ebenso klang die Standardsprache für die Befragten im Vergleich zum Dialekt arrogant, künstlich und unnatürlich. Der Wiener Dialekt wirkte für sie hingegen eher privat und lustig und wird mit einer bestimmten sozialen Gruppe verknüpft, die damals unter »Arbeitermilieu« gefasst wurde.

Interessant ist dabei: Je nach sozioökonomischem Hintergrund der Befragten wurden der Wiener Dialekt bzw. die Sprechenden des Dialekts sehr unterschiedlich eingeschätzt. Wienerinnen und Wiener, die in einer Studie von 1988[15] der »Mittelschicht« zugeordnet worden sind, empfanden Wienerisch als aggressiv, brutal und proletenhaft und als eher weniger freundlich, intelligent oder tolerant. Befragte Personen, die in der Studie damals als Zugehörige der »Unterschicht« bezeichnet wurden, haben mit dem Dialekt kaum negative Eigenschaften verbunden, konnten ihm aber auch wenig positive Eigenschaften beimessen. 35 Jahre später ist die negative Selbstwahrnehmung bei den Wienerinnen und Wienern immer noch erhalten. Wienerisch wird in aktuellen Einstellungsstudien[16] mit hauptsächlich abwertenden Assoziationen wie arrogant, derb, vulgär oder schlampig in Verbindung gebracht. Die weitaus selteneren positiven Nennungen sind Attribute wie aussagestark, bunt und blumig. Ganz generell und auch jenseits vom Wienerischen gibt es keine ausschließlich positive oder negative Bewertung einer Sprache oder Sprechweise. Der Wiener Dialekt wird stigmatisiert und idealisiert, verehrt und gehasst. Bei medialen Beliebtheitsumfragen erfreut er sich innerhalb Österreichs keiner allzu großen Beliebtheit. Populärer ist er außerhalb des Landes.

Im Allgemeinen werden Dialekten in Österreich sowie ihren Sprecherinnen und Sprechern ein geringeres Prestige zugesprochen als der überregional verständlichen Standardsprache.[17] Während die Standardsprache mit Kompetenz, Korrektheit und Öffentlichkeit assoziiert wird, gewinnt der Dialekt aber auf der Sympathieebene.

Inwieweit zum Beispiel Wiener Dialekt als angemessen oder passend empfunden wird, hängt von der spezifischen Kommunikationssituation und den beteiligten Personen ab. Er kann in einer bestimmten Situation als humorvoll und authentisch beurteilt werden, weil damit eine gewisse Lockerheit einhergeht. In einer anderen Situation kann die Verwendung des Dialekts wiederum als zu derb oder aggressiv empfunden werden.

Aber auch umgekehrt gilt: Die Sprechweise hat Einfluss auf den Kontext. Weil eben Dialekt gesprochen wird, können sich die Personen wohl und authentisch fühlen. Denn aufgrund der Verwendung des Dialekts wird ein bestimmter Kontext, zum Beispiel eine vertraute Atmosphäre, erzeugt. Durch das strategische Wechseln in den Wiener Dialekt kann innerhalb eines Gesprächs beispielsweise eine Anekdote erzählt oder damit eine ironische Haltung gekennzeichnet werden.

Begeben Sie sich einmal bewusst auf Erkundungstour, in dem Sie sich selbst fragen, wie Sie zu Ihren Einstellungen gekommen sind. Was verbinden Sie mit dem Wiener Dialekt? Und warum?

Grant kann auch charmant

Wien wurde im Jahr 2022 vom Expat-City-Ranking zur »unfreundlichsten Stadt der Welt« gekürt und das nicht zum ersten Mal. Gnadenlos grantig soll die Grundhaltung vieler Wienerinnen und Wiener sein. Von schlecht gelaunt, verärgert bis hin zu unausstehlich miesepetrig und erzürnt. Niveauvoll granteln? Auch das geht. Sich echauffieren funktioniert sowohl mit als auch ohne Grund. Es drängt sich an dieser Stelle auf, den Schriftsteller Thomas Bernhard zu zitieren: »Die Stadt Wien ist eine einzige stumpfsinnige Niederträchtigkeit.«[18] Kann man schöner schimpfen? In Wien, vor allem im Kaffeehaus im ersten Bezirk, verbrachte er trotzdem gerne Zeit.

Der Journalist Markus Lust erklärt die grantige Grundhaltung in seinem Buch »111 Gründe, Wien zu hassen«[19] sogar zum Teil der Wiener Grammatik:

> **»Hätte die Eigenheit in der Wiener Mundart, alles ins Schlechte zu drehen und zu negieren, eine eigene grammatikalische Form (so wie Infinitiv, Indikativ oder Inflektiv), würde sie wahrscheinlich Negativ heißen.«**

Raunzen (›nörgeln‹), *sudern* (›sich beklagen‹) und *motschgern* (›schimpfen, aufregen‹) gelten als charakteristisch

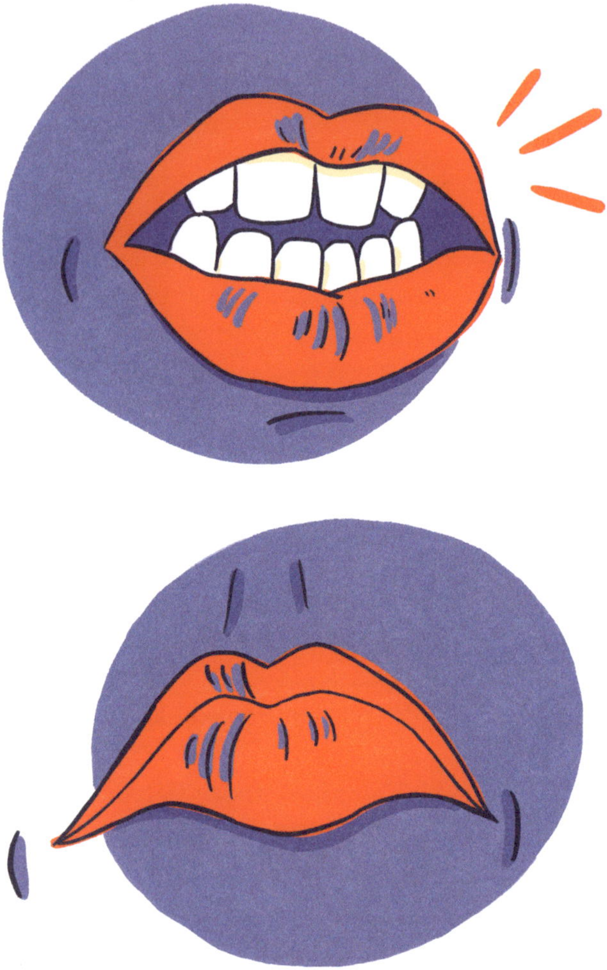

für den Sprachgebrauch in Wien. Was steckt hinter dieser angeblich so großen Lust am Frust?

Beginnen wir zunächst einmal mit den Erscheinungsformen von Grant. Da gibt es die meist ungefragt reflexartige Meinungsäußerung oder diese gewisse, keineswegs bösartige Forschheit, die sogleich wieder beschwichtigt wird. Grant kann aber auch eine Lebens- oder Werkseinstellung sein.

Dauerhaft schlechte Laune und unfreundlich? Klar, kann sich Grant auch als Unfreundlichkeit äußern, dies ist aber nicht zwangsläufig der Fall. Was für Menschen von außerhalb unfreundlich oder unhöflich klingen kann, kommt in Wien manchmal kühl, derb und dadurch etwas ruppig rüber, aber ist so gut wie nie furchtbar böse oder ernst gemeint. Grant äußerst sich manchmal melancholisch-verklärend: »Früher-war-alles-besser-Leier«, pessimistisch: »Das wird eh nix, warum überhaupt probieren?« oder in Form von Selbstmitleid »Warum passiert das immer mir?«.

Es gibt Grant sowohl in Reinform als auch in Kombination mit Schmäh. Schmäh und Grant brauchen einander und befruchten sich gegenseitig. Grant getarnt als Schmäh kann auch so manch unhöfliches Wort etwas abmildern. Für Andreas Rainer, Autor des »Wiener Alltagspoeten«[20], entsteht Poesie, wenn sich Grant und Schmäh in der Mitte treffen. Das ist für ihn »Stand-up-Comedy, die man gratis zur Melange dazu bekommt«.[21] Ähnlich wie Schmäh wird Grant vor allem hörbar zum Ausdruck gebracht. Stimme macht also Stimmung. Und so kann Grant auch charmant sein. Geschulten Ohren verrät der akustische Gesamteindruck, ob Grant ernstgemeint ist oder eher als Teil eines Schmähs aufgefasst werden kann.

Abschließend drängt sich die Frage auf: Warum überhaupt der ganze Grant? Wie passend, dass drei psychotherapeutische Schulen in Wien gegründet wurden: Psychoanalyse, Individualpsychologie und Logotherapie. Ein häufiger Seelenzustand der Wienerinnen und Wiener ist das Hin-und-hergerissen-Sein zwischen Behagen und Unbehagen, Humor und Ernst, Entschlossenheit und Unentschlossenheit. Stets im *Wiglwogl*. Dem Wiener Dramatiker Franz Grillparzer wird der folgende Ausspruch zugeschrieben: »Es muss was geschehen, aber es darf nix passieren.«[22] Grant resultiert oft aus dem Nebeneinander von Angst vor Veränderung und dem fortwährenden Beklagen der Gegenwart. Oder in der Terminologie von Sigmund Freud: wiederkehrende Konflikte zwischen Es, Ich und Über-Ich. *Suderantinnen* (›ständig jammernde Person‹) und *Grantscherben* (›ständig schlecht gelaunte Person‹) sind sich wohl einig: Ein nörgelnder Blick auf die Welt macht sie leichter erträglich. Zumindest während des Jammerns und Suhlens in Selbstmitleid. Manche gelangen dadurch sogar in eine Art Flow-Zustand, andere brauchen es zum Selbstschutz, um Distanz von der Welt und Umwelt zu schaffen. Für andere ist der Grant wiederum eine erlernte Bewältigungsstrategie, um sich selbst am Leben zu halten und der Unzufriedenheit über die eigenen Unzulänglichkeiten zu trotzen. Das erinnert an den Minderwertigkeitskomplex, ein zentraler Begriff in Alfred Adlers Individualpsychologie. Anders als Freud, der den Schlüssel in der Kindheit verortet, geht Adler von einem aktiven Gestaltungsprozess in der Gegenwart aus. Viktor Frankl erkennt mit seiner »Sinnlehre gegen Sinnleere«, dass Sinn nicht gegeben, sondern gefunden werden muss.[23] Und das geht gemeinsam und mit ein bisschen Grant oft leichter.

Großstadtbahö und Grätzlcharme

Wien ist nach Berlin die zweitgrößte Stadt im deutschsprachigen Raum. Hier ist immer etwas los, ist immer *Bahö* (›Aufruhr, Lärm‹). Wie über jede Großstadt gibt es auch über Wien zahlreiche Klischees.

Eines davon ist die näselnd-arrogante Aussprache. Tatsächlich sind sprachliche Spuren vom Wiener Kaiserhof im Bewusstsein der Menschen im Schönbrunner Deutsch zu finden. Das ist ein standardnahes Deutsch, das mit dem Adel und Wiener Großbürgertum assoziiert wird und deshalb auch gerne als Hochsprache bezeichnet wird. Charakteristisch dafür ist eine näselnde Aussprache mit besonderen Betonungen und einem eigenen dynamischen Sprechtempo. Zu hören ist es heute noch in alten Filmen, zum Beispiel in »Die Abenteuer des Grafen Bobby« von 1961 mit dem Schauspieler Peter Alexander. Die entspannte Eleganz alter Zeiten bei dieser aristokratischen Sprechweise entsteht auch durch das Einstreuen französischer Wörter. Das ist aber nicht zu verwechseln mit dem sogenannten Burgtheaterdeutsch, das als Bühnensprache fungiert, unter anderem im Wiener Burgtheater, dem größten Sprechtheater Europas.

Sprechen Sie Floridsdorferisch? Oder eine Ottakringerisch-Hütteldorferische Variante? Die Annahme von Bezirksdialekten ist nämlich sehr gängig. Eine Sprechweise von bestimmten sozialen Gruppen wird mit einem bestimmten Bezirk verknüpft. Bezirksdialekte wie Meidlingerisch lassen sich als eine Art Gruppensprache (Soziolekt) fassen. Die Sprechweise des »Mundl«, der Hauptfigur in der TV-Serie »Ein echter Wiener geht nicht unter«, könnte demnach aufgrund des Wohnsitzes im Arbeiterbezirk Favoriten als Favoritnerisch bezeichnet werden. Mögen die sprachlichen Unterschiede zwischen den Bezirken von manchen geschulten Ohren wahrgenommen werden, in sprachwissenschaftlicher Hinsicht kann das nicht bestätigt werden.

Apropos Meidling: sagen- und mythenumwoben ist das Meidlinger »L«. Ein anlautendes »L« am Beginn eines Wortes wie zum Beispiel in *Liebe* oder *lustig* wird so ausgesprochen, dass dabei die Zunge hinter der oberen Zahnreihe am Zahndamm anstößt. Aufgrund der Bezeichnung »Meidlinger L« entsteht der Eindruck, dass es nur im Bezirk Meidling gesprochen wird, dem ist aber nicht so.

Sprache und Raum bedingen einander oder anders gesagt: Orte und Räume haben Einfluss auf die dort stattfindenden Interaktionen – sprachlich, in Zeichen und auch künstlerisch. Graffitis am Donaukanal laden ein, selbst zur Spraydose zu greifen und sich kreativ auszutoben: aus Einheitsgrau wird bunt. Keine Angst! Gesprayt werden darf in Wien auf legalen Graffiti-Flächen, gekennzeichnet durch die »Wiener Taube«, zur Verfügung gestellt durch das Projekt »Wienerwand«. Das Eintauchen in die Street-Art-Szene ist mit bestimmten Regeln, einer Art Knigge, verbunden. Neben gegenseitigem Respekt vor anderen Graffitis gilt es, jegliche Form von Beleidigung, Herabwürdigung oder Kommerz zu melden oder zu übermalen.

Schauplatzwechsel. Das Museumsquartier (MQ) ist ein Lebens- sowie Kunstraum für Jung und Alt. Das liegt vor allem an einem besonderen Inventar dort: Sie leuchten in satten Farben, können leicht verschoben werden und laden zum Verweilen ein, liegend, sitzend, oben oder unten: die Hofmöbel des MQ, besser bekannt als *Enzis* und *Enzos*. Auch damit wird bewusst eine Botschaft kommuniziert: »Setz di her!« Sie sind ein Musterbeispiel dafür, wie modifizierbare Sitzgelegenheiten als Kommunikationsbrücke fungieren können. Man darf ins Gespräch kommen beim gemeinsamen Ausruhen, mit dem Tourguide, der gerade den Besuch im Museum Leopold Revue passieren lässt, oder mit der Geschäftsfrau, die den Innenhof des MQ als Ort der Einkehr mitten im Stadttrubel aufsucht …

Ein architektonischer Blick auf Wien entdeckt Großstadtflair und Grätzlcharme: Gründerzeithäuser mit verzierten Fassaden und imperialen Altbauten, Hochhäuser wie den 250 Meter hohen Donau City Tower, Neubauten mit Stahl und Glas sowie die einzigartigen Wiener Gemeindebauten. Diese großen Wohnanlagen, die modernen Wohnburgen gleichkommen, wie der Karl-Marx-Hof im 19. Bezirk oder der Lassalle-Hof im 2. Bezirk, gehören der Stadt Wien und werden von ihr verwaltet. Besondere Ecken, Plätze und Gassen werden in Wien *Grätz(e)l* genannt. Stuwerviertel, Servitenviertel oder Brunnenviertel – diese Viertel als Stadtteile gibt es natürlich auch in Wien, aber Grätzl sind vielfältiger. Sie können Teil eines Viertels sein, können nur einen Häuserblock, eine Straße umfassen oder sich über mehrere Bezirke erstrecken – quasi das Dorf in der Stadt.

Das Wort *Grätzl* kommt vom mittelhochdeutschen *gereize*, verstanden als etwas Ab- bzw. Eingegrenztes. Persönliche Lieblingsgrätzl gelten als öffentliche Wohnzimmer der Wienerinnen und Wiener. Und jedes Grätzl hat seinen eigenen Charme, seine charakteristische Atmosphäre. Zentraler Bestandteil des Grätzls ist für die einen das Kaffeehaus ums Eck, für die anderen der Basketballplatz in einem umliegenden Park oder die aus der Ferne ersichtliche goldene, von Friedensreich Hundertwasser gestaltete Kugel der Müllverbrennungsanlage Spittelau. Für wieder andere ist es der *Schanigarten*, auch bekannt als Freiluftoase mitten in der Großstadt. Das ist ein Platz vor einem Gastronomiebetrieb. Im Vergleich zu *Gastgärten* erfordern *Schanigärten* eine behördliche Genehmigung, da sie öffentlichen Grund, beispielsweise einen Teil des Gehsteigs, in Anspruch nehmen. Die Bezeichnung *Schanigarten* geht mutmaßlich auf eine Modifizierung des Vornamens Johann zurück. Viele Hilfskräfte und Kellner hießen früher so. Auf Französisch lautete der männliche Vorname *Jean*. Durch die Transformation ins Wienerische und den Einsatz der Verkleinerungsform wurde daraus *Schani*. Also, was meinen Sie: Lieber im Grätzl bleiben oder eher einfach mal raus aus dem Grätzl?

Nur ned hudeln!

Liebes Wien,

»du bist keine Stadt, eigentlich bist du ein Museum« – wie recht die Band Wiener Blond mit ihrem Song »Der letzte Kaiser« hat. Ein Spaziergang durch den ersten Bezirk lässt die Habsburger-Monarchie wieder aufleben. Das Cottage Viertel in Währing und Döbling zählt zu den geschichtsträchtigsten und teuersten Villenvierteln der Stadt. »Wien«, so besingen Wiener Blond weiter die Stadt, »du hast die Flexibilität von einem Fließbandgerät und manchmal hält ma das ja eigentlich kaum aus«. Hinter einem Klischee steckt immer auch ein klein wenig Wahrheit. Wenn New York die Stadt ist, »die niemals schläft«, verschläft Wien doch auch mal etwas oder schläft gelegentlich zu lang. *Pomali, pomali!* Nicht zackzack, sondern: »Schee longsom!« »Moch ma scho!« »Geht si aus!« Die vielzitierte Gemütlichkeit ist in Wien ebenso existent wie der Ruf »Zweite Kassa, bitteeee!« im Supermarkt. Hier trifft nämlich Trägheit auf pulsierende Energie, Tradition auf Moderne. Altehrwürdig stößt auf hip, Glanz auf Grind.

Es gilt: Statt zu galoppieren und zu eilen auch mal zu flanieren und zu verweilen. Der Flaneur Franz Hessel empfiehlt dazu: »Um richtig zu flanieren, darf man nichts allzu Bestimmtes vorhaben.« Also, einfach mal losschlendern. Ohne Plan, ohne Absicht und vor allem: ohne Ziel. Beobachten, erleben und auf sich wirken lassen. Ganz nachdem Motto: »*Schau' ma mal, dann seh' ma eh*«.

Oder mit den Worten von Billy Joel in dem Song »Vienna« von 1977:

»Slow down you crazy child.
Take the phone off the hook.
And disappear for a while.
It's alright you can afford to lose
a day or two.«

Und »gleich spielt's Granada!« – Im doppelten Wortsinn: Einerseits in der Bedeutung des Ausdrucks so viel wie ›das wird Konsequenzen haben‹ und anderseits hinsichtlich einer deutschsprachigen Version des Lieds von der Band Granada von 2016:

»Kumm oba, du eifrig's Kind.
Jetzt schoit dei Handy amol ob
und vertschüss di gschwind.
Es is ok, wennst di mal treiben lasst,
irgendwohin.«

Und an anderer Stelle: »Wo brennt's, was soll die Hetz. Jetzt moch amal langsam, dass di net zerlegt.« Wer mit dieser entspannten Haltung durch Wien flaniert, entdeckt so einiges, zum Beispiel mitten in der Innenstadt am Schwarzenbergplatz den kleinsten Weingarten Wiens oder in der Donaustadt ein kleines Gässchen mit dem Namen

Liebe Grüße aus Wien

Habe-die-Ehre-Gasse. Der Name ehrt die antiquierte Grußformel, die auch als Ausdruck des Erstaunens oder Entsetzens gebräuchlich ist.

Das Postkarten-Label »Bussi, Wien« holt bewusst ungewöhnliche und alternative Wien-Darstellungen vor die Linse, die einem bei einem Spaziergang im »echten« Wien auch begegnen: Ein Graffiti auf einem heruntergelassenen Rollladen »In Wien No Veritas«, über einer Holzbank einer Wiener Bushaltestelle das Graffiti »Niemand hat gesagt, dass es bequem wird« – wahre Alltagspoesie.

So wirklich fertig ist man mit dem Flanieren ja nie. Franz Hessel, Autor von »Spazieren in Berlin« von 1929, würde hier sicherlich zustimmen. Und statt Vergangenheit und Zukunft ist das empfohlene Tempus die Gegenwart. Aber am liebsten immer mal wieder ohne Tempo. Kurzum auf Wienerisch: *Nur ned hudeln!* (›Nicht so hektisch! Immer mit der Ruhe!‹)

Oida? Oida!

Ein 22-jähriger Mann soll zu einem Polizisten *Oida!* gesagt haben. Eine Anzeige wegen Anstandsverletzung und eine Geldstrafe folgten. Der 22-Jährige legte Beschwerde ein. So berichtet der Österreichische Rundfunk im September 2018 aus Wien.[24]

Der Dialektausdruck *Oida/Oide* bedeutet im Standarddeutschen ›Alter‹/›Alte‹, wobei damit ›alter Mann‹ bzw. ›alte Frau‹ gemeint ist. Außerdem wird der Ausdruck als abwertende Bezeichnung für Respektspersonen verwendet, wenn man beispielsweise über den Vater oder die Chefin redet. Einen Polizisten direkt mit *Oida* anzusprechen, gehört also nicht gerade zum guten Ton. Aber nicht nur was zum guten Ton gehört, ändert sich, sondern auch die Verwendung des Wortes *Oida*.

Oida ist nämlich inzwischen ein typisch wienerisches Universalwort. Es kann in der ursprünglichen Form zur direkten Ansprache einer Person verwendet werden: »Wos wüst vo mir, Oida/Oide?« (›Was willst du von mir, Alter/Alte?‹). Ebenso kann es als Interjektion, also als Ausrufewort oder Empfindungswort in nahezu jeder Situation und Stimmung als Ausdruck der eigenen Gefühle eingesetzt werden. Zum Beispiel als Ausdruck des Ärgers, Erstaunens, der Verwirrung, Freude oder des Schmerzes. Hier kommt es vor allem darauf an, wie *oida* ausgesprochen wird. Ein erstauntes »Oooooida, echt jetzt?«, das sehr gedehnt und mit erhöhter Stimmlage ausgesprochen wird, klingt anders als ein schmerzerfülltes, das kürzer und mit jammerndem

Unterton artikuliert wird. Und ein gelangweiltes »Oooida, wie lange denn noch?« wird wiederum länger ausgesprochen und mit einer gequält-knarrenden Stimmlage verbunden. Es ist nicht zu verwechseln mit einem ungeduldigen »Oida, ich hab keine Lust mehr« das eher behaucht und in Kombination mit einem Seufzen einhergeht. Zumindest nehmen geschulte Ohren, die mit diesem wienerischen Universalwort vertraut sind, diese noch so feinen Unterschiede und Nuancen sehr wohl wahr.

Zurück zum Zeitungsbericht: Der junge Mann begründete seine Beschwerde gegen die Anzeige damit, dass er *Oida* nicht als Ansprache an den Polizisten und somit nicht als Beleidigung verwendet habe. Stattdessen habe er mit dem Ausruf lediglich seinem Grant Ausdruck verliehen. Anstatt *Oida* hätte er in dieser Situation auch andere Ausrufeworte wie *pff*, *tss* oder *boah* verwenden können. Zwei Jahre später folgte das Urteil des Richters und damit einhergehend die Aufhebung der Strafe. So berichtet die Tageszeitung »Heute«: »Das Wort Oida hat sich zu einer Art geschlechtsneutralem Füllwort ohne konkrete Bedeutung und bar jeglichen grammatikalischen Zusammenhangs gewandelt.«[25]

In seiner heutigen Funktion kann *Oida* inflationär verwendet und so oft wiederholt werden, wie man es gerade braucht. Manche schreiben es groß, andere klein. Egal, wie es geschrieben wird: Es dient als sprachlicher Dämpfer oder Verstärker und strukturiert sowie steuert Gespräche. »Ja, oida, das is ur leiwand, oida!«

OIDA

WAPPLER
Gusch heast
SCHLEICH DI, DU OASCHLOCH!
Trottel...
GEH SCHEISSN

Ois oasch!

Achtung! Innerhalb dieser Buchseiten ist (fast) alles erlaubt. Wir befassen uns mit sprachlichen Aggressionsentladungen, also mit Beschimpfungen, Beleidigungen und Flüchen. Warum schimpfen Wienerinnen und Wiener? In einer Studie[26] der Wiener Linguistin Oksana Havryliv gaben Dreiviertel der Befragten das Abreagieren negativer Emotionen als Hauptfunktion an, gefolgt von einem scherzhaften Gebrauch (16 Prozent); nur ein Zehntel der Befragten verwendet verbale Aggressionen, um das Gegenüber zu beleidigen. Eine andere Studie[27] zeigt, dass Niederländer besonders häufig sexuell behaftete Schimpfworte gebrauchen, Schweden religiöse und Deutsche zwar auch religiöse, aber vor allem skatologische, also alles, was das Hinterteil und die Ausscheidung betrifft.

All das gilt auch für das Schimpfen im Wienerischen, das durch seine Kreativität und Bildhaftigkeit ganze Schimpfwörterbücher füllt. Dazu gehören Wörter wie *Trottel*; *Dillo* oder *Fetznschädl* (alles Varianten für ›Dummkopf‹); *Wappler* (›unfähiger Mensch‹) und *Ungustl* (›unsympathischer Mensch‹). Besonders beliebt sind doppelte Beleidigungen, die ein Nomen mit einem nachstehenden, abwertenden Adjektiv kombinieren: *Trottel depperta* (›dumm‹, ›einfältig‹); *Wappler, du schasaugada* (›schwachsichtig‹, ›blind‹).

Etwas genauer hinzusehen lohnt sich bei dem in Wien sehr beliebten Ausdruck *Oasch*. Im Vergleich zu standarddeutsch ›Arsch‹ zeigt sich, wie viel weicher (in der

Aussprache) und dadurch charmanter, aber trotzdem treffsicher es sich im Wienerischen derb sein lässt – egal, ob im Ärger, als Beschimpfung, zum Kokettieren oder als Gefühlsausdruck. Das Wort zeigt auch grammatisch vielseitige Einsatzmöglichkeiten: Als Nomen dient es als Bezeichnung für Personen: *Oasch* oder *Oaschloch*. Es tritt auch in Redewendungen auf: »si den Oasch aufreißn« (›sich den Arsch aufreißen‹); »am Oasch vorbei« (›am Arsch vorbei‹); »leck mi am Oasch« (›leck mich am Arsch‹); am Oasch der Wöd (›am Arsch der Welt‹). Als Adjektiv funktioniert das Wort zum Beispiel als Antwort auf die Frage »Wie findest du das?«: »Des is oasch.« (›Das ist fies/gemein/nicht cool/beschissen.‹) Oder *oasch-* mit einem Adjektiv kombiniert, wie *oaschkoid* (›sehr kalt‹).

Ganz ähnlich funktioniert zur Steigerung im Wienerischen ein anderes Wort aus der skatologischen Sphäre: *scheiß-* wie in *scheißegal* (›völlig egal‹) oder *scheißfreindlich* (›übertrieben freundlich‹). Kein Wunder, dass *Scheiße* auch in zahlreichen Redewendungen zu finden ist: »Geh scheißen!« (›Nein!‹ / ›Sicher nicht!‹ / ›Geh weg!‹); »Scheiß di ned au!« (›Habe keine Angst!‹). Die Leute in Wien sind beim Fluchen aber lange nicht thematisch auf *oasch* und *scheiß* beschränkt. Selbstbewusste Aufforderungen an das Gegenüber sind eine weitere Ausprägung der Wiener Schimpfkultur: Für einen Appell zum Schweigen gibt es einige Optionen: »Gusch!« (›Ruhe!‹), »Hoits zam!«, »Hoit de Goschn!« oder »Hoit de Pappn!« (›Halt den Mund!‹). Und das dringliche Verlangen, dass sich das Gegenüber entfernt, ist auch typisch wienerisch: »Hau di iwa d'Heisa!« (›Hau dich über die Häuser!‹), »Geh in Oasch!« oder »Schleich di!«.

Dieser letzte Ausdruck hat besondere Berühmtheit erlangt beim islamistischen Terroranschlag von 2020. Laut Augenzeugenberichten soll ein Passant dem Attentäter in der Wiener Innenstadt voller Empörung »Schleich di, du Oaschloch« zugerufen haben. Die österreichischen Medien haben das als Symbol des Zusammenhalts aufgegriffen: »So trotzt Wien dem Terror.«[28]

SACKERL
TÜTE

Sackerl oder Tüte?

Haben Sie *Faschiertes, Marillen* und *Topfen* in Ihrem *Einkaufssackerl* oder eher *Hackfleisch*, *Aprikosen* und *Quark* in Ihrer *Einkaufstüte*? Und haben Sie *zu* oder *an* Weihnachten einen *Adventkalender* oder einen *Adventskalender*? Wenn Sie eher die Präposition *zu* verwenden, haben Sie vermutlich eher einen *Adventkalender* und sind in Österreich zuhause, mit *Faschiertem, Marillen, Topfen* und dem *Einkaufssackerl*.

Warum gibt es diese Unterschiede? Die deutsche Sprache ist eine Sprache mit mehreren nationalen Zentren, neben Österreich und Deutschland haben die Schweiz, Luxemburg, Belgien und Liechtenstein Deutsch als Amtssprache. Demnach kann man also mindestens ein österreichisches von einem deutschländischen bzw. bundesdeutschen Standarddeutsch unterscheiden. Solche Unterschiede gibt es vergleichbar im Französischen, Spanischen oder Englischen. Die Unterscheidung zwischen amerikanischem und britischem Englisch kennt man noch aus dem Schulunterricht, zum Beispiel *pants* versus *trousers* oder *movie* versus *film*. Darüber hinaus gibt es auch hier noch viele weitere Varianten, etwa australisches oder kanadisches Englisch.

Zurück zum Deutschen: Ist *Vogerlsalat* und *Feldsalat* dasselbe und was ist mit *Sackerl* versus *Tüte*? Hier hilft das Variantenwörterbuch des Deutschen[29] weiter. Darin sind unter anderem die nationalen Varianten Österreichs (Austriazismen), Deutschlands (Teutonismen) und der Schweiz (Helvetismen) zu finden.

Ein spannendes Rechtsdokument für diese Varianz liefert die Europäische Union: Von *Beiried* (›Roastbeef‹) bis *Weichseln* (›Sauerkirschen‹) sind insgesamt 23 österreichische Begriffe aus dem Lebensmittelbereich rechtlich verankert im »Protokoll Nr. 10 über die Verwendung spezifisch österreichischer Ausdrücke der deutschen Sprache im Rahmen der Europäischen Union«[30]. Explizit erläutert wird, dass diese Austriazismen den entsprechenden deutschen Ausdrücken rechtlich gleichgestellt sind.

Österreichische Varianten betreffen aber nicht nur den Wortschatz (*Matura* versus *Abitur*), sondern auch die Grammatik (*ich bin gestanden* versus *ich habe gestanden*) oder die Aussprache (*Kaffée* versus *Káffee*). Dabei kann je nach Gegenüber und Gesprächssituation variiert werden: Im Wiener Supermarkt gibt es *Tomaten* im Angebot und dann gibt es mittags *Paradeiskraut* im Restaurant.

In der Wahrnehmung der Menschen gibt es dabei oft Statusunterschiede. Häufig werden die bundesdeutschen Ausdrücke als angesehener und korrekter eingeschätzt. Damit nicht genug: Wörter wie *heuer*, *Jänner* oder *Bub* werden oft als Dialekt und als süß wahrgenommen. Es handelt sich aber um regionale Eigenheiten der österreichischen Standardsprache, auch Österreichisch oder österreichisches Hochdeutsch genannt. Variation gibt es selbstverständlich auch innerhalb der Standardsprache: Während *der Germ* (für ›Hefe‹) hauptsächlich in Mittel- und Westösterreich verwendet wird, ist im Osten und Südosten Österreichs *die Germ* vorherrschend.

Aber wie lange hält sich sowas noch? Sagt man einfach bald überall einheitlich *Hefe* dazu und wird der *Germknödel* dann zum *Hefekloß*? Ist Österreich vor der »Piefkinisierung«

aus Deutschland noch zu retten? Die Diskussionen darüber sind spannungsgeladen, weil dabei immer auch Fragen der eigenen Identität und Biografie sowie der Identität Österreichs eine Rolle spielen. Vorab: Es besteht kein echter Grund zur Sorge. *Sackerl* oder *Tüte* ist eine Frage der Zugehörigkeit bzw. Nichtzugehörigkeit. Durch die Verwendung von *Sackerl* kann ich mich selbst mit einer Gruppe identifizieren oder von anderen mit einer bestimmten Gruppe identifiziert werden. Die Sprachwissenschaftlerin Brigitta Busch spricht von Spracherleben,[31] wobei die leibliche, emotionale sowie historisch-politische Dimension eine Rolle spielen. Diese historisch-politische Dimension umfasst genau solche Diskurse über den »richtigen« bzw. »korrekten« Sprachgebrauch und ist mit Erfahrungen der Macht bzw. Ohnmacht verbunden. Solange also auf dieser Ebene über die Sprache in Österreich diskutiert, gestritten und vor allem nachgedacht wird und solange Menschen in Österreich ihre Identität mit ihrem Umfeld und ihrer Herkunft verbinden, wird es auch österreichische Sprachvarianten geben.

Gilt nur noch zu klären, warum Udo Jürgens als Österreicher nicht »Aber bitte mit Schlag!« statt »Aber bitte mit Sahne« gesungen hat. Die Entscheidung für die bundesdeutsche Variante mit *Sahne* orientierte sich bei der Veröffentlichung 1971 an der kommunikativen und wirtschaftlichen Reichweite des größeren deutschen Markts und der große Erfolg gibt ihm recht.

Heute sieht das teilweise anders aus: Die österreichische Redewendung »Es geht sich aus« erfreut sich zunehmender Beliebtheit in Deutschland. Sie bedeutet je nach Kontext so viel wie ›Es gibt genug Zeit‹, ›Es gibt genug

Marillen
5,99
Aprikosen
5,99
Topfen
1,29
Quark
1,29

Platz‹ oder ›Das geht auf‹, aber vor allem transportiert die Wendung eine entspannte österreichische Lebenseinstellung. In den vergangenen Jahren hat Austropop, also deutschsprachige Popmusik aus Österreich, zusätzlich zur Beliebtheit der österreichischen Sprache außerhalb Österreichs beigetragen: So etabliert sich *Bussi* neben *Küsschen* unter anderem Dank Wandas Song »Bussi Baby« von 2015 oder das kindlich-vertraute *Baba* anstatt eines unpersönlichen *Tschüss* seit dem gleichnamigen Song der Band Bilderbuch von 2017. Also: Es geht sich schon aus mit dem Österreichischen und dem Bundesdeutschen.

Schmäh olé

Eine Art von Humor, gepaart mit Witz, Schlagfertigkeit sowie einer gewissen Lockerheit und Kreativität, ein Zusammenkommen von ortstypischem Charme und Gewieftheit, ein Oszillieren zwischen Eindeutigkeit und Mehrdeutigkeit, manchmal geradeheraus, manchmal subtil und ausgeklügelt, mal leichtfüßig keck und ein anderes Mal philosophisch tiefgründig – das alles kann *Schmäh* sein. Und noch viel mehr! *Tiaf* (›primitiv‹) und raffiniert zugleich, derb und liebenswürdig, grob und schmeichelhaft, bizarr, kurios, melancholisch und zynisch.

Gerade diese Gleichzeitigkeit zeichnet Schmäh aus. In ihrem Song »Wiener« rappt das Duo Kreiml & Samurai genau zu diesem einmaligen Nebeneinander:

> **»Der Wiener Schmäh ist gleichzeitig sehr schirch und schee.**
>
> **Oberflächlichkeiten, die durchaus moi ins Tiafe gehen.**
>
> **Im Zuckerguss gekühlt und serviert mit an Müchkaffee.**
>
> **Herrschaften, wohl bekomms! Losstsas eich schmecken!«.**

Apropos Geschmack: Wäre Schmäh ein Geschmack, bestäche er am ehesten durch Würze, kann aber auch mal süßlich, mal bitter sein, vielleicht trifft es umami am besten. Was die Herkunft des Wortes *Schmäh* angeht, wird unter anderem das Jiddische *schemá* ›Gehörtes, Erzähltes‹ herangezogen oder mittelhochdeutsch *smæhe* ›beschimpfen, abwerten‹.

Schmäh zu definieren, bedeutet, ihn in eine Form, in einen Rahmen zu zwängen. Und das widerspricht ganz und gar seinem Naturell. Statt Eingrenzung und Begrenzung lebt er von dem Spiel mit Uneindeutigkeiten. Ähnlich wie bei einem Witz verfehlt der Schmäh seine Wirkung, wenn er erklärt werden muss. Schmäh ist unübersetzbar.

Genauso wenig kann man *Schmäh fian* (wörtlich »Schmäh führen«, also ›Scherze treiben‹, jemanden ›an der Nase herumführen‹ oder ›um den Finger wickeln‹) erlernen. Jemand hat Schmäh oder nicht. Wobei bestimmten Berufsgruppen, die viel und ständig mit Menschen kommunizieren, ein besonderer Hang zum Schmäh nachgesagt wird: der Kommentar der Kellnerin bei der Bestellung im Kaffeehaus, der Spruch der Kassiererin im Supermarkt oder der Taxifahrer in den frühen Morgenstunden. Das sind natürlich nur Beispiele und besonders bei der Beschreibung des viel gerühmten Wiener Schmähs muss man aufpassen, nicht in die Klischeefalle zu tappen. Denn tatsächlich gibt es Schmäh nur mit unbestimmtem Artikel. Es gibt nicht »den Wiener Schmäh«, eher Schmäh in verschiedenen Formen, Schattierungen und Ausprägungen.

Stilmittel wie Über- und Untertreibung, Ironie, Sarkasmus sowie Zuspitzung oder Verzerrung sind für Schmäh charakteristisch. Eigenschaften wie Nonchalance, Eloquenz und eine gewisse Schlitzohrigkeit, auf Wienerisch kurzum *goschert sein* (›vorlaut‹, ›frech‹, ›schlagfertig‹), sind vorteilhaft. Ebenso über eine ordentliche Portion

Selbstironie zu verfügen und sich selbst nicht allzu ernst zu nehmen. Also alles andere als *schmähstad* (›nicht weiter wissend, sprachlos‹) zu sein.

Es erfordert Geschick, nur die notwendigsten Worte zu gebrauchen oder gar mit wenigen Worten eine große Wirkung zu erzielen: »Du kommst mir grad recht!« Je nach Kontext und Tonfall kann diese Äußerung positiv oder negativ gemeint sein. »Geh kum!« oder ebenso »Kum geh!« – auch hier: entweder Ungeduld, Staunen oder Verärgerung. Schmäh entfaltet sich erst durch die Aussprache, Betonung und durch den Klang der Stimme.

Genaues Hinhören entlarvt, wenn einen jemand »mit Schmäh nimmt« (›überlistet‹), jemandem »an Schmäh dazählt« (›eine Lüge auftischt‹) oder jemanden »am Schmäh hält« (›jemandem etwas vormacht‹). Ebenso kann ein *Schmähtandler* (›ein unseriöser Mensch‹, ›ein Aufschneider‹) oder ein fantasiebegabter *Gschichtldrucker* (›Geschichtenerzähler‹) sein.

Manche behaupten, dass der beste *Schmäh* im Wiener Dialekt *rennt* (›anregend und angeregt unterhalten‹). Wörter mit vielen Vokalen lassen sich besonders gut dehnen und in die Länge ziehen. Deswegen eignet sich Wienerisch auch so gut für Songtexte. Harte Konsonanten wie *p*, *t*, *k* werden im Dialekt zu *b*, *d*, *g*. *Gagao* (oder auch *Gaugau*) klingt weicher und melodischer als *Kakao*. Charakteristisch ist die sogenannte Wiener Monophthongierung, bei der insbesondere die Diphthonge *ei* und *au* als Monophthong, also als ein Laut, als ein sehr offenes *ää* [æ:] und *oo* [ɒ:] gesprochen werden. Zum Beispiel *wäät* (›weit‹) und *Hoos* (›Haus‹). Aber Achtung, Wörter wie *heiß* oder *heim* werden im Wiener Dialekt mit einem langen a gesprochen,

also *haaß* und *haam*. Außerdem wird, wie auch in anderen Dialekten im deutschsprachigen Raum, für Aussagen in der Vergangenheit anstatt des Präteritums das Perfekt verwendet. *I bin gongan* anstatt *I ging*.

Gewiss ist Schmäh häufig eine Gratwanderung zwischen »Bist deppert?« (›Bist du nicht ganz bei Trost?‹) und »Bist du deppert!« (›Das ist nicht zu fassen!‹), also zwischen Beleidigung und humorvollem Ausdruck der Verwunderung, je nachdem, was die Situation und das Gegenüber spontan erfordern. Denn Schmäh kann nicht erzwungen werden, er muss passieren – nicht als Monolog, sondern in der Interaktion. Mal kommt er unauffällig, mal ist er *aufglegt* und drängt sich nahezu auf. Je forcierter, desto eher wird aus Schmäh *Schmafu* (›Unsinn‹). Ausdrücke wie Frotzeln, Gag oder Pointe greifen bei der Beschreibung von Schmäh zu kurz.

Und es bedarf noch etwas: des Gespürs für Situationen und Menschen. Es gibt sogenannte »Einladungen vom Leben«, das sind kleine und größere Impulse in Form von Blicken und Gesten durch aufmerksames Hinsehen oder Zuhören. Diese wahrgenommenen Impulse öffnen ein kurzes Zeitfenster, um »Schmäh zu fian«. Egal ob Kontern, Kommentieren, Hinterfragen oder nur Reagieren – Schmäh kann als Wortfetzen, Ausspruch oder verpackt als Geschichte erfolgen.

Einfachheit ist dabei ein zentrales Qualitätskriterium. Ist Schmäh fian mit Anstrengung verbunden, deutet dies auf Künstlichkeit hin – nicht zu verwechseln mit dem *Ansaschmäh* (›Einser-Schmäh‹), der entweder bereits bekannt oder leicht durchschaubar ist. Der *Eisenbahnerschmäh* ist hingegen ein Täuschungsmanöver auf dem Fußballplatz.

Resümee: Dem Wienerischen wohnt ein großes kreatives Potenzial inne. Und wenn man einmal die Komfortzone verlassen und den Dreh heraushat, lässt sich *schmähhalber* (›aus Spaß‹) viel spielerisch kombinieren und experimentieren. Schmäh ist, ähnlich dem Witz bei Sigmund Freud[32], nicht nur ein Zugang zum Unbewussten und eine vielgestaltige Kommunikationsform. Er ist auch eine Art der Lebensführung, ein bestimmter Umgang mit den Banalitäten und Herausforderungen des Lebens. Und Sie wissen ja bereits: Schmäh kann nicht erklärt, Schmäh muss erlebt werden. Deswegen finden Sie hier auch keine Schmähs, denn die besten Schmähs entstammen dem Leben selbst und können nicht nacherzählt werden. Des is ka Schmäh!

»Steigen Sie nicht mehr ein!«

Das öffentliche Netz der Wiener Linien, der städtischen Verkehrsbetriebe, befördert tagtäglich knapp zwei Millionen Fahrgäste. Die Wagen quietschen, Gesprächsschnipsel, Babygeschrei, jemand telefoniert etwas zu laut, jemand Anderes beißt genussvoll in ein Schinken-Käse-Weckerl. »Steigen Sie aus?« Musik dröhnt aus Kopfhörern, das *Zwicken*, also Entwerten eines Fahrscheins, ist zu hören, dazwischen Signaltöne. Das ist ein Klangerlebnis der besonderen Art – ganz egal, ob in der U-Bahn, im Bus oder in der *Bim*. Um diese Geräuschkulisse soll es hier gehen.

Aber erstmal noch zur Bim: Zum Wiener Flair des öffentlichen Nahverkehrs gehörten lange die traditionellen und von Wien-Besuchenden wie Einheimischen geliebten rot-weißen Hochflurstraßenbahnen vom Type E1. Sie stammen aus den späten Sechzigerjahren und frühen Siebzigerjahren und sind seit Sommer 2022 im Ruhestand. Geblieben ist für die Nachfolgemodelle der Straßenbahn die liebevolle Bezeichnung *Bim*. Das ist ein lautmalerischer Ausdruck in Anspielung an den bimmelnden Klang der Glocke früherer Straßenbahnen.

Eine etwas andere Geräuschkulisse tut sich auf, sobald man sich dem ersten Bezirk nähert. Das Klackern der Hufe auf dem Kopfsteinpflaster ist hier wie in alten Zeiten zu hören. Der *Fiaker* dient heute zwar nicht mehr als Transportmittel, aber die von einem oder zwei Pferden gezogene

Kutsche ist eine Touristenattraktion. Sie mögen ein noch so nostalgisches Flair versprühen und eine bequeme Variante der Stadtführung sein, wegen des Tierschutzes wird diese Tradition schon länger kritisiert, besonders im heißen Wiener Sommer.

Ein unterschätztes und unverzichtbares Fortbewegungsmittel inklusive Schwebeffekt und dabei vergleichsweise geräuscharm ist die Rolltreppe. Gesprächsbedarf löst sie aber trotzdem aus: »Warum ist die Rolltreppe (noch immer) defekt?«[33] Das ist eine der häufigsten Fragen an die Wiener Linien. Allerdings gibt es auch über 350 Rolltreppen, die den Weg zur U-Bahn erleichtern. Da kommt es vor, dass nicht alle ganz reibungslos funktionieren. Wenn sie dann funktionieren, gilt wie in allen Großstädten: Rechts stehen, links gehen. Sonst kann es durchaus vorkommen, dass eine vorbeieilende Person grantig wird.

Für einen reibungslosen Ablauf an Bord und an den Haltestellen sorgen die Durchsagen. Die Stimme der Wiener Linien ist nach mehr als 40 Jahren nicht mehr männlich, sondern weiblich. Außerdem sind manche Haltestellenankündigungen, Info- und Störungsdurchsagen mittlerweile auch auf Englisch zu hören. Und auch die deutschsprachigen Standardansagen ändern sich: Aus dem jahrzehntelang gewöhnten »Zug fährt ab« wurde vorerst im Jahr 2010, angelehnt an die Durchsage der Berliner Verkehrsbetriebe, ein »Zurückbleiben, bitte«.[34] Dies war das Ergebnis eines Sicherheitsgutachtens, da die alte Abfertigungsdurchsage wohl nicht deutlich genug zum Zurücktreten und Nicht-mehr-Einsteigen aufforderte. 2013 wurde aus »Zurückbleiben, bitte« dann die prägnante Handlungsaufforderung »Steigen Sie nicht mehr ein«.

SCHATZI
ruft an...
STEIGEN SIE NICHT MEHR EIN!

Besonders ausgefeilt ist der Teil vor den eigentlichen Durchsagen: die Signaltöne. Die Wiener Linien haben unterschiedliche Signaltöne, von einem Informationsgong bis hin zu einem Störungsgong, die den Durchsagen vorausgehen. Passenderweise haben sich die Wiener Verkehrsbetriebe hierfür an der Melodie und dem Rhythmus des Donauwalzers (»An der schönen blauen Donau« von Johann Strauss Sohn) orientiert.[35] Der Durchsagengong besteht dabei bewusst nicht aus einer Melodie, sondern nur aus dem Ton A. Damit soll eine entspannte Wirkung erzeugt werden. Hingegen ist für den Informationsgong ein höherer Ton charakteristisch, um dadurch bei den Fahrgästen mehr Aufmerksamkeit zu generieren.

Mit dem »Öffi-Walzer« widmet die Band »Wiener Blond« dem öffentlichen Nahverkehr in Wien sogar ein eigenes Stück. Wieder mal Alltagsblues? »Dann fahr doch mal wieder schwarz oder so. Das macht sicherlich Spaß, Risiko.« Erwischt! – Es geht um das »Fahren ohne gültigen Fahrschein«. So möchten die Wiener Linien zukünftig den umstrittenen Begriff *Schwarzfahren* ersetzen. Ohne Fahrschein möchte man jedenfalls auf keinen *Schwarzkappler* treffen. Die Bezeichnung geht auf schwarze Dienstkappen der Kontrolleurinnen und Kontrolleure in früheren Zeiten zurück. Besonders Wagemutige können es mit den Worten von Wiener Blond einmal ausprobieren, »nicht zu zwicken und einfach zu genießen«. Aber Achtung - »so ein kleines Malheur mit dem Kontrolleur« kostet in Wien aktuell 105 Euro. Im Gegensatz dazu lohnt es sich allemal, mit den öffentlichen Verkehrsmitteln durch Wien zu fahren. Manchmal, vor allem in der Rushhour tut es einfach gut: Kopfhörer rein, Welt aus. Aber ab und zu lohnt es sich auch andersherum: Kopfhörer raus, Welt ein. – Ihre Ohren werden Augen machen!

Ur leiwand

Wien und *leiwand* (oder auch *leiwaund*) sind miteinander verbandelt wie der *Gspritzte* mit dem Heurigen, also Wein mit Mineralwasser bei einem Lokal in den Weinbergen rund um Wien. Dass *leiwand* großartig ist und für Wien steht, ist mittlerweile sogar wissenschaftlich überprüft! Das hat die Linguistin Ann Kathrin Fischer in einer Befragung von Wienerinnen und Wienern festgestellt.[36]

»Einfach leiwand« ist ein Slogan der Stadt Wien. Er soll das Lebensgefühl der Wienerinnen und Wiener und den Zeitgeist der Stadt unterstreichen. Und die Stadt Wien ist natürlich stolz darauf, laut internationalen Rankings als lebenswerteste Stadt – als »Afoch leiwand« – zu gelten. Die Redewendung »Sei einmal leiwand« passt zu Wien, denn sie fordert dazu auf, bei einer (lustigen) Aktion mitzumachen oder generell entspannter und lässiger zu sein. Das Wort bedeutet so viel wie ›spitze‹, ›toll‹ oder ›großartig‹ und dabei doch so viel mehr, denn die Verwendungsweisen sind *ur* (›sehr‹) vielfältig: *Leiwand* passt einfach auf alles: »a leiwande Partie« (›Gruppe‹) , »a leiwandes Gefühl«, »a leiwander Typ«.

Um den österreichischen Volkssport Skifahren auszuüben, zieht es die Wiener Bevölkerung raus aufs Land. Insbesondere nach Salzburg oder Tirol – »in's Stubaital oder noch Zell am See«. Hier zeigt sich das Wiener Lebensgefühl. Laut der Skisporthymne »Schifoan« von Wolfgang Ambros gibt es dort immer »an leiwaund'n Schnee«. Und *Schifoan* ist sowieso »des leiwaundste, wos ma si nur vurstelln kann«.

Wenn etwas so besonders *leiwand* ist, ist das schon sehr intensiv. Eine andere Art Steigerung auszudrücken, liefert das kleine Wörtchen *ur*: »Der Film ist ur lustig«, »Ich bin ur müde«, »Das ist ja ur deppert«. Also, *leiwander* als *leiwand* ist *ur leiwand*. Und dieses kleine Wort kann, ähnlich wie *oida*, so gut wie immer verwendet werden, einfach *ur* oft. Die Vorsilbe *ur-* hat eine lange Geschichte. Die indogermanische Grundbedeutung war ›her(aus)‹ und die zeigt sich sogar noch in Wörtern wie *Ursprung* (für ›Quelle‹) oder *Ursache* (für ›Veranlassung‹). Daraus hat sich die heutige Verwendung in Wörtern wie *Urgroßmutter* oder *Urvertrauen* entwickelt, um etwas als weiter zurückliegend oder ursprünglich zu markieren. Bei Adjektiven wie *uralt*, *urplötzlich* geht es um einen höheren Grad von etwas, also ein weiterer kleiner Schritt im Bedeutungswandel. Dass *ur* sich heute ganz frei und kreativ vor die unterschiedlichsten Wörter stellt, sie intensiviert und damit auch deutlich ausdrucksstärker macht, ist eine jüngere Erscheinung und ur wienerisch.

Zurück zu *leiwand*. Das Wort hat nämlich eine spannende Geschichte: Geht man der Herkunft des Wortes auf die Spur, stößt man als eine mögliche Wortherkunft auf *Leinwand*. Leinwände bestanden früher aus hochwertigem Leinengewebe, und denkt man an Leinwände in Kinos, kann es auch mal ganz schön groß werden. Der Sprung von hochwertig und groß zur Bedeutung ›großartig‹ ist nicht weit. Eine andere Erklärung dreht sich um das sogenannte *Leinwandbier*, das im 15. Jahrhundert im Zuge des Leinenhandels im Wiener Bürgerspital ausgeschenkt wurde. Dieses Bier schmeckte besonders gut und genoss rasch einen bemerkenswerten Ruf.

UR
LEIWAND

SEI EINMAL LEIWAND!
WIEN

Ähnlich wie *oida* und *ur* ist *leiwand* ein Dialektwort, das insbesondere von jungen Menschen in urbanen Zentren verwendet wird. Auch junge Menschen in Wien, die überwiegend standardnah sprechen, gebrauchen solche Dialektwörter. Sie machen es leicht möglich, Wiener Flair in die eigene Sprache zu bringen.

»Versenk die Wuchtl!«

Wer sich für die Sprache Wiens interessiert, sollte mal darauf achten, was in Wien so überall geschrieben steht. Wie andere Großstädte auch ist Wien voll von geschriebener Sprache: Straßen- und Verkehrsschilder, Werbeplakate, Geschäftsschilder, Graffiti genauso wie Aufschriften auf Hydranten, Kanaldeckeln, Mülleimern oder Türen. Für diesen sprachlichen Bereich hat sich sogar ein junges Forschungsgebiet herausgebildet: Linguistic Landscape, was übersetzt so viel bedeutet wie ›Sprachlandschaft‹. Es beschäftigt sich mit Fragen wie: »Welche Sprachen und Sprechweisen sind im öffentlichen Raum wahrnehmbar?« oder »Wie viel Raum nehmen bestimmte Sprachen ein?«. Und da gibt es einiges zu entdecken: Wie in jeder Stadt gibt es Restaurantschilder. In Wien ist die Spannbreite riesig: *Die Döneria, Baschly, Zuppa, Rice and Noodles* und dem *Weltcafé* – all diese Lokale befinden sich auf einem nicht einmal 150 Meter langen Straßenabschnitt der Schwarzspanierstraße. Am Brunnenmarkt werden manche Waren mit Schildern auf Türkisch, Arabisch und Kroatisch angepriesen und ein Frisörsalon in der Porzellangasse informiert über die Öffnungszeiten in deutscher, italienischer und englischer Sprache. Ein Graffiti in arabischer Schrift hat eine andere Wirkung als jenes in chinesischen Schriftzeichen.

In diesem wunderbaren Sprachengewirr kommt das Wienerische immer noch oben drauf: »I bin's, dei Baprika«, »I bin's, die Guakn«, »I bin's, dei Marün« sprechen uns

6., Johanna-Dohnal-
Platz

22., Meitnergasse

Werbeplakate direkt an. Bei dieser konkreten Kampagne ging es um regionale Produkte im Supermarkt,[37] um Paprika, Gurken, Aprikosen. Eine Kampagne so zu gestalten, weckt bestimmte Bilder und Vorstellungen und würde im Standarddeutschen so gar nicht funktionieren.

Ein Streifzug durch Wien verrät neben dieser Sprachvielfalt so einiges über die Stadtgeschichte: Da gibt es die *Falcostiege*, die seit 2003 der Rechten Wienzeile im Bezirk Margareten etwas Pop-Ikonen-Glamour verleiht. Die *Hugo-Portisch-Gasse*, benannt nach dem 2021 verstorbenen österreichischen Journalisten und Historiker, gibt es erst seit dem Jahr 2022 in Hietzing. Die *Meitnergasse* oberhalb der Alten Donau erinnert an die österreichische Kernphysikerin Lise Meitner. Und der *Johanna-Dohnal-Platz* am Rande des Museumsquartiers ist der ersten Frauenministerin Österreichs gewidmet.

Die jüngeren Benennungen nach wichtigen österreichischen Frauen schaffen es nicht, ein klares Ungleichgewicht bei den Straßennamen auszugleichen. Der Genderatlas, eine Visualisierung der Wiener Straßennamen nach dem Geschlechterverhältnis, zeigt das deutlich: Nur 12 Prozent der rund 4600 nach Personen benannten Straßen, Plätze, Parks, Gemeindebauten, Schulen und Kränkenhäusern in Wien sind nach Frauen benannt.[38] Daran zeigt sich einmal mehr: Sprache im öffentlichen Raum ist stark mit kulturellen Aspekten und sozialen Machtverhältnissen verwoben. Als Beitrag zu einer diversen Stadtplanung werden bei zukünftigen Namensgebungen wie beispielsweise in der Seestadt Aspern im Osten von Wien vermehrt Frauennamen vergeben.[39] Zur Würdigung von Lise Meitner gibt es nicht nur die bereits erwähnte Gasse, die Kernphysikerin wurde 2016 mit einem Frauendenkmal im Arkadenhof der Universität Wien geehrt. Mit ihr zusammen wurden sechs weitere Wissenschaftlerinnen gewürdigt, beispielsweise die Sprachwissenschaftlerin Elise Richter und die Sozialwissenschaftlerin Marie Jahoda. Ehrungen für Männer gibt es dort bereits in Form von 154 Büsten und Gedenktafeln.

Aber zurück zur Rolle des Wienerischen im geschriebenen Bild der Stadt. Welche Rolle spielt das Wienerische im geschriebenen Bild der Stadt? Die Linguistin Barbara Soukup hat in einer Analyse der Sprachlandschaft von sechs Wiener Bezirken[40] gezeigt, dass dialektale Formen weniger als ein Prozent der geschriebenen Sprache ausmachen. Mit fast 70 Prozent dominiert die deutsche Sprache die Sprachlandschaft Wiens, gefolgt von Englisch mit knapp einem Drittel. Einsprachig Englisch sind davon 11 Prozent. Der größte Teil sind mehrsprachige Darstellungen für den Tourismus, insbesondere in den Domänen Gastronomie und Hotellerie.

Und trotzdem hat das Wienerische einen festen Ort im Straßenbild, nicht nur in gelegentlichen Werbeplakaten. Die städtischen *Mistkübel* (›Abfalleimer‹) sprechen Dialekt: »Versenk die Wuchtl!« (›Erziel einen Treffer mit dem Ball!‹), »Ich lass mich gern papierln!« (›Ich lasse mich gerne zum Narren halten, zu etwas überreden!‹) »Schau net weg, hau eine dein' Dreck!« (›Schau nicht weg, wirf hinein deinen Dreck!‹) oder »Bin ned haglich!« (›Ich bin nicht empfindlich!‹). Die MA 48, also die Magistratsabteilung 48, die für die Sauberkeit, Müllabfuhr und Straßenreinigung zuständig ist, will mit diesen Aufklebern Sympathiepunkte sammeln. Sprachspiele rund um Müll und saubere Straßen sind Teil der Kampagne, teilweise

BIN NED HAGLICH!
MISTTELEFON
546 48

auch mehrsprachig: »Hasta la mista, Baby?«, »Mülle grazie!«, »Halt die City pretty!« oder »Willkommen im MIST-erium!«.

Über die Aufnahme von neuen Sprüchen lässt die MA 48 via Social Media abstimmen. Mithilfe der Signalfarbe Orange und den unterhaltsamen Sprüchen wird die Wiener Bevölkerung erfolgreich zur korrekten Müllentsorgung animiert.

Der nächste Mistkübel ist meist nur eine *Tschicklänge* (›Zigarettenlänge‹) entfernt. Für mehr Sauberkeit sorgen direkt neben den Mistkübeln die öffentlichen Aschenbecher in Zigarettenform mit der Frage »Host an Tschick?«, die genau so auch eine schnorrende Person stellen könnte.

Fast so legendär ist die Hundekotkampagne »Sackerl fürs Gackerl« (›Tüte für Kot‹) auf Schildern in Parks und Grünflächen. Durch die Verkleinerungsform *-erl* ist der Slogan gleich eingängiger und viel sympathischer. Wirklich praktisch ist, dass in über 300 Automaten in Wien gratis Sackerl für *Hundstrümmerl* (›Hundehaufen‹) zur Verfügung stehen.

Vielleicht gehen Sie beim nächsten Spaziergang mit einem anderen Blick lesend durch die Straßen Wiens. Denn wenn man darauf achtet, ist Wienerisch überall und nicht nur »im Eimer«.

»Wien, du kennst mich up, du kennst mich down!«

Wie gilt es, die Wiener Bevölkerung, beinahe zwei Millionen Menschen, anzusprechen? »Liebe Wienerinnen und Wiener« – so eröffnet zumeist der aktuelle Bürgermeister seine Ansprachen. Fühlen sich dadurch alle in Wien lebenden Menschen tatsächlich angesprochen? Fast die Hälfte der Bevölkerung (46 Prozent) ist in Wien geboren, über ein Drittel im Ausland (38 Prozent) und der Rest in den anderen Bundesländern Österreichs.[41] Im Schuljahr 2018/19 waren 52 Prozent der Schülerinnen und Schüler in Wien mehrsprachig.[42] Ein Kaleidoskop von Sprachen, Sprechweisen und Stimmen – das ist der urbane Kommunikationsalltag in Wien.

Und dabei ist klar: Menschen in Wien sprechen nicht immer gleich. Sie interagieren in verschiedenen sozialen Räumen: Familie, Freundeskreis, Schule, Studium, Arbeitswelt, Freizeit. Je nach Situation kommunizieren sie eher öffentlich und formell oder informell und privat, je nach Thema und Gegenüber wird Standarddeutsch, Dialekt, Türkisch, Englisch oder eine Mischung aus all dem verwendet. Mehrsprachig zu sein bedeutet nicht, dass die verschiedenen Sprachen oder Sprechweisen immer sehr gut beherrscht werden müssen, sondern eher, dass damit verschiedene Kommunikationssituationen in mündlicher oder schriftlicher Form bewältigt werden können. Sehr flexibel wird innerhalb einer Situation oder eines Gesprächs zwischen den unterschiedlichen Sprachen und Sprechweisen gewechselt, und das zeigt sich auch in Wien.

Besonders schön zu sehen ist das in Wiener Popsongs: In dem Lied »Junge Römer« wechselt beziehungsweise switcht der Popmusiker Falco strophenweise zwischen drei Sprachen: Deutsch, Englisch und Italienisch:

> **»Give me more.**
> **Junge Römer tanzen anders als die anderen**
> ...
> **Un ballo nuovo porta ritmo nei fianchi della città«**
>
> **(›Gib mir mehr ... Ein neuer Tanz bringt Rhythmus in die Hüften der Stadt‹).**

Der sprachliche Wechsel kann auch nur einzelne Wörter oder Ausdrücke betreffen, wie beispielsweise zwischen Deutsch und Englisch in Falcos Song »Vienna Calling«: »Wien, nur Wien. Du kennst mich up, kennst mich down.«

Ganz selbstverständlich und cool wechselt Falco für ganze Satzabschnitte zwischen Englisch und Deutsch in »Out of the Dark«:

> **»Out of the dark.**
> **Hörst du die Stimme, die dir sagt:**
> **Into the light.**
> **I give up and close my eyes?«**

WIEN,
OH WIEN
OUT OF THE DARK
WIR LEBEN HIGH
UR NICE

Diese Sprachmischung ist seit den 1980er-Jahren fest mit dem unverkennbaren Stil von Falco verknüpft. Es gibt aber auch jüngere Popmusik aus Österreich, die ähnlich vorgeht und damit dazu beiträgt, dass die Vielsprachigkeit Wiens zum festen Bestandteil österreichischer Popmusik geworden ist. Der Songtext »Gigolo! Rock it, Gigolo! Wir leben high, nie down - Höchstens Downtown!« der Band Bilderbuch in »Gigolo« von 2015 scheint auf Falcos Megahit »Rock Me Amadeus« aus dem Jahr 1985 anzuspielen.

Diese deutsch-englische Hybridform, abschätzig *Denglisch* genannt, spielt auch im Sprachgebrauch Wiener Jugendlicher eine zentrale Rolle. Im Unterschied zum restlichen Österreich zeichnet standardnahes Sprechen die alltägliche Sprachverwendung von Wiener Jugendlichen in der Großstadt aus. Untersuchungen des Wiener Sprachwissenschaftlers Manfred Glauninger zeigen, dass Jugendliche allerdings sehr wohl punktuell dialektale und (d)englische Elemente einsetzen.[43] Diese dialekt-englische Verschmelzung lässt neue Formen wie *urheavy* oder *urchillig* entstehen.

Die Band Wanda kombiniert in ihrem Song »Lascia mi fare« von 2017 deutsche Strophen mit einem italienischen Refrain:

»Oooh, wenn ich die Welt durch deine Augen sehe.
Dann ist sie schmutzig wie der Wiener Schnee.
Wenn ich mich selbst durch deine Augen seh.

Oooh Niente, te, te.
Oooh Amore lasciami fare.
Non lasciarmi fare niente.«

(›Oh, nichts, du, du.
Oh Baby, lass es mich tun.
Lass mich nichts tun.‹).

Man kann das für Italo-Kitsch halten oder *urnice* finden, diese Mehrsprachigkeit gehört zum Austropop und zu Wien!

»Zwa Melange, bitte!«

Liebes Kaffeehaus,
du aus der Zeit gefallenes Relikt der Monarchie
Wien wäre nix ohne di!
Da die Studierendengruppen, dort die Pensionistenrunden
ja, auch Hund und Herrl sind hier Stammkunden.
Hier stößt urtypisch auf alternativ
a kommods Ambiente gibt's inklusiv.

Du lebst zwischen Schein, Klischee und Wirklichkeit
man kommt zu dir mit viel oder wenig Zeit
nimmt Platz auf einem Thonet-Sessel oder gleich auf der Couch
vertieft sich in eine Zeitung oder checkt sofort die Speisekarte aus.
Konsumiert wird zwischen 8 Uhr und Mitternacht
mit Apfelstrudel und Kaiserschmarrn ist es dann vollbracht.

Bei dir ist man stets in bester Gesellschaft oder allein
kann zeitlos oder gschaftig sein.
Trifft Bazis, Literaten und Businessfrauen
aber auch Bobos, Gscherte und Strizzis kehren hier ein
und wollen in deinem verlängerten Wohnzimmer z'haus sein.

Es wird palavert und was ghabert
lauthals politisiert oder angeregt philosophiert.
Auf alle Fälle: Hier wird liebend gern parliert und natürlich

ZEITUNG
Café

Schmäh gfiat.
Und auch der berühmt berüchtigte Grant
zeigt sich plötzlich ganz charmant.

Platz ist sowohl für ernste Geschäfte als auch für Schmafu
hier suche ich Entschleunigung und komm wirklich zur Ruh'!
Drum kehr' ich bei dir immer wieder ein
und hör' so gern: »Darf's no was sein?«

Wenn Ihnen bei dieser Liebeserklärung an das Wiener Kaffeehaus nicht jedes Wort ganz genau bekannt ist, macht das gar nichts. Auf die gesamte Stimmung kommt es an und die ist durchaus bequem und gemütlich, mit einem anderen Wort: *kommod*. Hier finden sich *Bazis*, also ›Schlingel‹, und auch *Gscherte*, also ›Besuchende aus den anderen Bundesländern‹, ein. Im Gegenzug bezeichnen Menschen vom Land die Stadtbewohner abschätzig übrigens als *Weana Bazis*, also ›arrogante Wiener‹. Und auch *Strizzis*, damit können ›Lausbuben‹, ›arbeitsscheue Personen‹, aber auch ›Zuhälter‹ gemeint sein, kommen hier vorbei. Um sich zu unterhalten (*parlieren*), etwas zu essen (*habern*), und oft wird schwadroniert und geredet, geredet, geredet – ohne Ergebnis (*palavern*). Zeit für eine humorvoll scherzhafte Art der Gesprächsführung muss aber sein, kurzum: *Schmäh fian*. Gewürzt mit ein wenig *Grant*, der sich als Unmut, Verärgerung oder schlechte Laune äußern kann. Das ist kein *Schmafu* (›Unsinn‹)!

Dank

Mein Dank gilt Julia Renkwitz für die Initialzündung, Laura Neuhaus für den bereichernden Austausch und die professionelle redaktionelle Betreuung und Petra Holländer, die mit ihrer originellen Bildsprache dem Buch eine künstlerische Aura verleiht.

Natürlich waren viele weitere Stimmen in diesen Schreibprozess involviert: Zahlreiche Gespräche mit Freundinnen und Freunden, Familienmitgliedern, Kolleginnen und Kollegen sowie Studierenden. Begegnungen mit Unbekannten. Alltagsbeobachtungen. Aufgeschnappte Gesprächsschnipsel. Eigene und fremde Erfahrungen. Nicht zu vergessen: Publikationen, Bücher, Filme, Theaterstücke sowie Musik, die ich während des Schreibens »konsumiert« habe. Vieles passierte in der Zeit, in der ich nicht geschrieben oder bevor ich wieder geschrieben habe. Und letztlich hat sich vieles auch erst beim Schreiben ergeben. Mit den Worten von Felix Philipp Ingold[44] finden beim Lesen und Schreiben permanent Übersetzungsprozesse statt: Zwischen Gedachtem, Gelesenem, Erinnertem, Erfahrenem und schließlich dem, was Sie jetzt in diesem Buch lesen.

Bussi, Baba

Anmerkungen

Alle Links wurden zuletzt abgerufen am 27.02.2023

1 Dusl, Andrea Maria (2018): Wien wirklich! Von Amtsperson bis Würstelmann. Wien: Metroverlag, S. 177.

2 Vgl.: https://info.bml.gv.at/themen/lebensmittel/trad-lebensmittel/Fleisch/Fleischprodukte/frankfurter.html.

3 Am Würstelstand. Ausgabe aus der ORF-Dokumentarreihe Alltagsgeschichte (1995) von Elizabeth T. Spira; nachzuschauen unter https://www.youtube.com/watch?v=IVQTaNutJtQ.

4 Vgl.: Wagner-Trenkwitz, Christoph (2020): Alles Walzer. Der Opernball von A bis Z. Mit einem Vorwort von Karl Hohenlohe und Illustrationen von Michael Pammesberger. Wien: Almathea Verlag, S. 16.

5 Brauer, Arik (2020): Wienerisch für Fortgeschrittene. Wean red wi Wean wü. I. E. A. Wien: Amalthea Verlag, S. 120.

6 Vgl.: https://www.wienergrant.at/.

7 Artmann, Hans C. (1958): Med ana schwoazzn dintn. Gedichta r aus bradnsee. Salzburg: Otto Müller Verlag.

8 https://www.bestattungsmuseum.at/das-museum.

9 Statistik der Stadt Wien; Stand: 01.01.2022; https://www.wien.gv.at/menschen/integration/daten-fakten/bevoelkerung-migration.html.

10 Statistik der Stadt Wien; Stand: August 2022; https://www.wien.gv.at/statistik/pdf/wieninzahlen-2022.pdf.

11 Stippinger, Christa (1996): Jeder ist anderswo ein Fremder. Bericht aus einer interkulturellen Schreibwerkstatt. In: Griesmayer, Norbert & Wintersteiner, Werner: »Kleine Literaturen« in Österreich. ide – Zeitschrift für den Deutschunterricht in Wissenschaft und Schule. Innsbruck, Wien: Studienverlag. Heft 3/96, S. 91.

12 Wienerisch mit A.geh Wirklich? - Folge 1: Basics; https://www.youtube.com/watch?v=LofZjGLO2lE.

13 Kristan, Alex: Auftritt beim Kabarettgipfel, gesendet am 13.12.2019 im ORF 1; https://www.youtube.com/watch?v=HqRXtzQlFu4.

14 Vgl.: Satzke, Krista (1986): Sprachbeurteilung und Sprachgebrauch in Wien. Diplomarbeit, Universität Wien; Patocka, Christa (1986): Sprachgebrauch und Spracheinschätzung in Österreich. Eine Auswertung von Fragebögen. Diplomarbeit, Universität Wien.

15 Vgl.: Moosmüller, Sylvia (1988): Dialekt ist nicht gleich Dialekt. Spracheinschätzung in Wien. Wiener Linguistische Gazette 40-41, S. 55-80.

16 Vgl.: Fischer, Ann Kathrin (2021): Vom Raunzen und Bellen. Wienerisch und Grazerisch aus Sicht urbaner Sprecher*innen. In: Wiener Linguistische Gazette (WLG) 89, S. 329–354.

17 Vgl.: Soukup, Barbara (2022): Über die empirische Spracheinstellungsforschung in Österreich. In: Pucher, Michael & Balasz, Peter (Hg.): Akustische Phonetik und ihre multidisziplinären Aspekte: Ein Gedenkband für Sylvia Moosmüller. Wien: Verlag der Österreichischen Akademie der Wissenschaften, S. 13-31.

18 Bernhard, Thomas (1995): Heldenplatz. Frankfurt am Main. Suhrkamp, S. 66.

19 Lust, Markus (2016): 111 Gründe, Wien zu hassen. Die Stadt so, wie sie wirklich ist. Berlin: Schwarzkopf & Schwarzkopf, S. 64.

20 Interview mit Andreas Rainer bei Café Puls: https://www.puls24.at/video/cafe-puls/zwischen-wiener-schmaeh-grant-klischee/v-cj8y3tzcjlk9.

21 Ebd.

22 Zitiert nach: Lust, Markus (2016): 111 Gründe, Wien zu hassen. Die Stadt so, wie sie wirklich ist. Berlin: Schwarzkopf & Schwarzkopf, S. 59.

23 Vgl. Frankl, Viktor E. (1978): Das Leiden am sinnlosen Leben. Psychotherapie für heute. Freiburg: Herder, S. 29.

24 Vgl.: https://wien.orf.at/stories/3041859/

25 https://www.heute.at/s/urteil-ist-da-keine-strafe-fur-oida-zu-polizisten-45723857.

26 Vgl.: Havryliv, Oksana (2017): Verbale Aggression: das Spektrum der Funktionen. Linguistik online 82,3/17.

27 Vgl.: Nübling, Damaris / Vogel, Marianne (2004): Fluchen und Schimpfen kontrastiv. Zur sexuellen, krankheitsbasierten, skatologischen und religiösen Fluch- und Schimpfwortprototypik im Niederländischen, Deutschen und Schwedischen. Germanistische Mitteilungen 59.

28 https://www.sn.at/panorama/oesterreich/schleich-di-du-oaschloch-so-trotzt-wien-dem-terrorismus-95121493.

29 Ammon, Ulrich / Bickel, Hans & Lenz, Alexandra Nicole (2016): Variantenwörterbuch des Deutschen. Die Standardsprache in Österreich, der Schweiz, Deutschland, Liechtenstein, Luxemburg, Ostbelgien und Südtirol sowie Rumänien, Namibia und Mennonitensiedlungen. Berlin, Boston: De Gruyter.

30 Vgl.: https://www.ris.bka.gv.at/geltendefassung/bundesnormen/10007687/eu-beitrittsvertrag%20-%20akte%20-%20protokoll%20nr.%2010,%20fassung%20vom%2021.05.2021.pdf.

31 Busch, Brigitta (2021): Mehrsprachigkeit. 3. Auflage. Wien: utb Verlag, S. 20-34.

32 Freud, Sigmund (1905): Der Witz und seine Beziehung zum Unbewußten. Leipzig, Wien: Franz Deuticke.

33 Vgl.: https://blog.wienerlinien.at/rolltreppen-was-dahinter-steckt/.

34 Vgl.: https://wien.orf.at/v2/news/stories/2620243/index.html.

35 Der Klang der Wiener Linien: https://www.youtube.com/watch?v=wEOgWlsiLao.

36 Fischer, Ann Kathrin (2021): Vom Raunzen und Bellen. Wienerisch und Grazerisch aus Sicht urbaner Sprecher*innen. In: Wiener Linguistische Gazette (WLG) 89, S. 329-354.

37 Plakatinitiative der Supermarktkette Billa; dakommichher.at.

38 Vgl.: https://genderatlas.at/articles/strassennamen.html.

39 Vgl.: https://www.wien.gv.at/presse/2022/06/10/kaup-hasler-neue-strassennamen-erhoehen-sichtbarkeit-von-frauen-im-oeffentlichen-raum-wiens.

40 Soukup, Barbara (2016): English in the Linguistic Landscape of Vienna, Austria (ELLViA): Outline, rationale, and methodology of a large-scale empirical project on language choice on public signs from the perspective of sign-readers. Views 25, S. 1-24; Soukup, Barbara (2020): Survey area selection in Variationist Linguistic Landscape Study (VaLLS): A report from Vienna, Austria. Linguistic Landscape 6(1), S. 52-79.

41 Vgl.: https://www.wien.gv.at/kontakte/ma23/

42 Vgl.: https://www.wien.gv.at/spezial/integrationsmonitor2020/bildung/exkurs-mehrsprachigkeit-von-schuelerinnen/.

43 Vgl.: Glauninger, Manfred Michael (2010): Zwischen Hochdeutsch, Dialekt und Denglisch. »Innere Mehrsprachigkeit« und urbane Kommunikation am Beispiel der Jugendlichen im Ballungsraum. In: Gaisbauer, Stephan & Petermayr, Klaus (Hg.): Übergang. Kommunikation in der Stadt und an ihren Rändern, S. 181-193.

44 Ingold, Felix Philipp (2021): Überzusetzen. Versuche zur Wortkunst und Nachdichtung. Ritter Verlag.

Erwähnte Lieder

Als Soundtrack zum Buch in chronologischer Reihenfolge des Erscheinungsjahrs

»Es is eh scho Wurscht«
Text: Philipp Bernsteiner, Philipp Scheiblbrandner; Musik: Lukas Resetarits, Scheibsta 2022

»Wiener«
Text: Kreiml, Monobrother, Samurai, Trishes; Musik: Kreiml & Samurai, Monobrother 2018

»Baba«
Text: Maurice Ernst, Mizzy Blue, Peter Horazdovsky, Philipp Scheibl; Musik: Bilderbuch 2017

»Gigolo«
Text: Maurice Ernst, Michael Krammer, Peter Horazdovsky, Philipp Scheibl; Musik: Bilderbuch 2015

»Lascia mi fare«
Text: Michael Marco Fitzthum, Paul Gallister; Musik: Wanda 2017

»Bussi Baby«
Text: Michael Marco Fitzthum, Paul Gallister; Musik: Wanda 2015

»Wien wort auf di«, Cover von »Vienna«
Text im Original: Billy Joel; Musik: Granada 2016

»Der letzte Kaiser«
Text: Sebastian Radon, Verena Doublier; Musik: Verena Doublier 2015

»Öffi-Walzer«
Text: Verena Doublier; Musik: Verena Doublier 2015

»Alanech fia dii«
Text: H. C. Artmann, Willi Resetarits; Musik: Sabina Hank, Willi Resetarits 2008

»Ein echtes Wienerlied«
Text: Roland Neuwirth; Musik: Roland Neuwirth & Extremschrammeln 1996

»Out of the Dark«
Text: Falco, Thorsten Börger; Musik: Falco 1998

»Vienna Calling«
Text: Falco, Ferdinand Bolland, Robert Bolland; Musik: Falco 1985

»Junge Römer«
Text: Falco, Robert Ponger; Musik: Falco 1984

»Vienna«
Text: Billy Joel; Musik: Billy Joel 1977

»Schifoan«
Text: Wolfgang Ambros; Musik: Wolfgang Ambros 1976

»Es lebe der Zentralfriedhof«
Text: Josef Prokopetz, Wolfgang Ambros; Musik: Wolfgang Ambros 1975

»Aber bitte mit Sahne«
Text: Eckart Hachfeld, Udo Jürgens, Wolfgang Spahr; Musik: Udo Jürgens 1971

»Der Tod, das muß ein Wiener sein«
Text: Georg Kreisler; Musik: Georg Kreisler 1969

»An der schönen blauen Donau«, Op. 314; Musik: Johann Strauss II 1866

Literaturempfehlungen

Wissenschaftliche Quellen

Glauninger, Manfred Michael (2017): Das Wienerische in lyrischen Texten von Elfriede Gerstl. In: Der Hammer. Die Zeitung der Alten Schmiede 93/4.

Glauninger, Manfred Michael (2012): Stigma als Strategie. Zum »Dialekt«-Gebrauch im Wiener Deutsch. In: Kanz, Ulrich, Kilgert-Bartonek, Nadine & Schießl, Ludwig: Die Heimat auf der Zunge tragen - Mundart als Sprachschatz: Beiträge zur internationalen Dialektologentagung anlässlich des 70. Geburtstags von Ludwig Zehetner. Regensburg: edition vulpes. (Regensburger Dialektforum 18).

Höll, Jan / Koppensteiner, Wolfgang (2021): Wenn die Frage »Zwetschken oder Pflaumen?« nicht powidl ist. Zur Diskussion von Austriazismen in Online-Foren. In: Wiener Linguistische Gazette 89.

Koppensteiner, Wolfgang / Breuer, Ludwig Maximilian (2020): Wo Wien anderst ist und wo nicht. Kontrastierung von Spracheinstellungsdaten aus Wien und ruralen Regionen Österreichs. In: Hundt, Markus, Kleene, Andrea, Plewnia, Albrecht & Sauer, Verena: Regiolekte. Objektive Sprachdaten und subjektive Sprachwahrnehmung Tübingen: Gunter Narr. (Studien zur deutschen Sprache 85).

Lenz, Alexandra N. (2019): Bairisch und Alemannisch in Österreich. In: Herrgen, Joachim & Schmidt, Jürgen Erich: Deutsch: Sprache und Raum – Ein Internationales Handbuch der Sprachvariation. Band 4. Berlin, Boston: De Gruyter Mouton (Handbücher zur Sprach- und Kommunikationswissenschaft 30.4).

Lenz, Alexandra N. / Breuer, Ludwig M. / Glauninger, Manfred M. / Ernst, Peter / Kallenborn, Tim / Patocka, Franz (2017): Bayerisch-österreichische Varietäten zu Beginn des 21. Jahrhunderts – Dynamik, Struktur, Funktion. Stuttgart: Steiner. (ZDL-Beiheft 167).

Lenz, Alexandra N. / Ahlers, Timo / Glauninger, Manfred M. (2015): Dimensionen des Deutschen in Österreich. Variation und Varietäten im sozialen Kontext. Frankfurt am Main: Peter Lang. (Schriften zur deutschen Sprache in Österreich 42).

Moosmüller, Sylvia (1991): Hochsprache und Dialekt in Österreich. Soziophonologische Untersuchungen zu ihrer Abgrenzung in Wien, Graz, Salzburg und Innsbruck. Wien: Böhlau. (Sprachwissenschaftliche Reihe 1).

Forschungsprojekt »Deutsch in Österreich«

https://www.dioe.at/

»IamDiÖ - Erforsche Deutsch in Österreich«: https://iam.dioe.at/

Weitere Quellen

Beyerl, Beppo / Hirtner, Klaus / Jatzek, Gerald (2022): Wienerisch – das andere Deutsch. Bielefeld: Reise Know-How Verlag Peter Rump. (Kauderwelsch-Dialektführer).

Sachslehner, Johannes (2021): Wien. Biografie einer vielfältigen Stadt. Wien, Graz: Molden Verlag.

Sedlaczek, Robert (2021): Wörterbuch des Wienerischen. Wien, Innsbruck: Haymon.

Wehle, Peter (2022): Sprechen Sie Wienerisch. Von Adaxl bis Zwutschkerl. Wien: Carl Ueberreuter Verlag.

Impressum

Redaktion Dr. Laura Neuhaus
Text Mag. Lisa Krammer
Illustration Mag. Petra Holländer
Umschlaggestaltung und -abbildung Tom Leifer Design, Hamburg
Layout und Satz Dirk Brauns, estra.de, Berlin

www.duden.de
www.cornelsen.de

1. Auflage, 3. Druck 2024

Druck und Bindung: Livonia Print, Riga

ISBN 978-3-411-75691-9

PEFC/12-31-006

PEFC zertifiziert
Dieses Produkt stammt aus nachhaltig bewirtschafteten Wäldern und kontrollierten Quellen.

www.pefc.de